Sin que yo sepa cómo

Julio Parrilla Díaz

Diseño de cubierta: Pablo Núñez / Estudio SM

© 2025, Julio Parrilla Díaz
© 2025, PPC, Editorial y Distribuidora, S.A.
 Impresores, 2
 Parque Empresarial Prado del Espino
 28660 Boadilla del Monte (Madrid)
 ppcedit@ppc-editorial.com
 www.ppc-editorial.com

ISBN 978-84-288-4236-5
Depósito legal: M 211-2025
Impreso en la UE / Printed in EU

A Miguel, Muski y Eneko,
que desde el principio
compartieron su vida y su fe conmigo
y me ayudaron a crecer como persona
y como creyente.
Con inmenso cariño y gratitud.

1

Sembrar y cuidar

El reino de Dios es como un hombre
que echa el grano en la tierra;
duerma o se levante, de noche o de día,
el grano brota y crece, sin que él sepa cómo.
La tierra da el fruto por sí misma;
primero hierba, luego espiga,
después trigo abundante en la espiga.
Y, cuando el fruto lo admite,
enseguida se le mete la hoz,
porque ha llegado la siega (Mc 4,26-29).

Sembrar, dejar que la planta arraigue, brote y crezca, acoger el fruto abundante y meter la hoz. Y preparar la tierra de nuevo para volver a sembrar. Es como un ciclo vital y necesario si queremos que la tierra y nuestra propia vida den un fruto abundante. Es la constancia de la tierra, del hombre y de Dios. Siempre tendremos, inmersos en la complejidad de un mundo desconcertante y contradictorio, que crecer en humanidad y sembrar esperanza, las más de las veces sin que sepamos cómo, de noche o de día, en la primavera o en el otoño de la vida.

De hecho, escribo en un momento oscuro de la historia –otro más– cuando, sin haber terminado la guerra en Ucrania, ha comenzado la que se libra en la franja de Gaza, un genocidio que salpica de sangre toda Palestina, la tierra santa de Jesús. Son guerras crueles en las que fácilmente se pierde la vida y la dignidad. Cambian los escenarios, pero son siempre los mismos actores internacionales los que refuerzan sus cotas de poder, los que venden las armas y deciden, cual dueños absolutos del mundo, la vida y la muerte de los inocentes. Vivimos sometidos a las decisiones de los poderosos de este mundo, humillados e impotentes, atravesados por un sentimiento de desamparo, de rebelión interior y de protesta ante la barbarie, el dolor y el abandono en el que viven y mueren los pobres.

Vienen a mi memoria las palabras del papa Pío XII en los albores de la Segunda Guerra Mundial, cuando el infierno se desplomó sobre Europa y sobre medio mundo: «No se pierde nada con la paz. Todo puede perderse con la guerra». Es la misma convicción que expresa el papa Francisco, con los ojos puestos en Ucrania y en Palestina, en todas las guerras que destruyen el planeta: «La guerra es siempre una derrota, una destrucción de la fraternidad humana». Y, sin embargo, rodeados de halcones, las voces de los papas parecen las voces de humildes artesanos de la paz, de profetas que claman en el desierto. En medio de un mundo que somete la ética a los intereses del poder y del mercado, hasta los papas parecen condenados a vivir como seres humanos incomprendidos, como profetas que claman en el desierto. Será porque cuando hablan las armas callan las leyes, se esfuma la dignidad humana y la ética se desajusta tanto que distinguir el bien del mal se vuelve poco menos que imposible.

En momentos así cabe preguntarse: ¿qué será de este mundo nuestro?, ¿qué será de nosotros mismos sometidos como estamos al poder del mal?, ¿qué futuro puede haber mientras millones de hermanos comen las migajas que caen de nuestros manteles? La tierra rota nos hace dudar de la condición humana, del hombre nuevo que un día nos anunciaron los profetas. Cuesta cargar con tanto dolor. Cuesta alimentar la esperanza, sostenerla y proclamarla cuando todo salta por los aires y la compasión desaparece del horizonte. Y, sin embargo, Dios sigue sembrando en medio de un terreno aparentemente baldío. Algún día llegará el tiempo de la siega y, con él, el juicio de las naciones.

Es ahí, perdidos a mitad de camino entre el egoísmo de unos y la desesperanza de otros, testigos del dolor de los pobres, donde tendremos que renovar la pasión por Dios y la compasión por el hermano. En medio de este campo de batalla que es la vida humana nos toca alzar el vuelo de la fe en el Dios de Jesucristo, rico en misericordia, clemente y compasivo. El eco de sus palabras y su amor entrañable al hombre y al mundo nos impedirá caer en el miedo o en la desesperanza, en la tentación de huir de la realidad, cultivando solo el propio huerto o volviéndonos indiferentes ante el dolor ajeno.

La sombra de la cruz, tantas veces alzada a lo largo de la historia, nos alcanza a todos y nos reclama dar un paso más en la dirección de una Pascua difícil de consumar. ¿Hacia dónde caminaremos, una vez enterrados los muertos? Las promesas de Jesús marcan nuestro camino, con frecuencia tortuoso, pero siempre iluminado por la esperanza creyente. En el camino de Jerusalén a Galilea, recostado en el brocal del pozo, el Profeta seguirá saciando nuestra sed, iluminando nuestra vida e invitándonos a caminar a la sombra de sus alas.

Levantar el corazón, alimentar nuestra fe y, al mismo tiempo, seguir trabajando a favor de un mundo más humano y habitable nos exige unas cuantas cosas que sobrepasan la rutina de la vida cotidiana: sobre todo, crecer en la espiritualidad del reino de Dios y su justicia. Del Reino siempre posible, aun en medio de la noche oscura. ¿Qué nos toca? Renovar día a día nuestra fe y seguir caminando de la mano de Jesús, atentos al viento del Espíritu, confiando en su presencia, sin ahogar la semilla que germina, compartiendo la mesa y repartiendo el pan. Puede que estos nunca sean los temas que se debaten en las infinitas mesas de diálogo sobre la paz y el desarrollo que hoy entretienen a los políticos. Todos hablan de paz, pero son ellos los que declaran las guerras, sometidos a los intereses del mercado. Lo cierto es que solo alimenta la esperanza quien cree en Dios, quien ama el mundo y su historia, quien no devuelve el mal con el mal y, por el contrario, hace siempre el bien. La esperanza la sostendrán los que aman la paz más que la propia razón, los que son capaces de entrever el rostro del hermano cuando parece que todo justifica la muerte del enemigo, los que son capaces de poner la otra mejilla y dar al pobre la mitad de su capa. Resulta estremecedor en estos tiempos recordar las palabras de Jesús: «Amad a vuestros enemigos, haced bien a los que os odien, bendecid a los que os maldigan, rogad por los que os maltraten» (Lc 6,27-28). Son palabras dramáticas, difíciles de interiorizar, como tantas otras del evangelio, que contradicen nuestra experiencia cotidiana, nuestra tentación de sucumbir al rencor y a la venganza. Son las palabras de un Dios que es bueno con los ingratos y perversos, capaz de tocarnos el corazón y de salvarnos en medio de la refriega. Para pronunciarlas, hoy como ayer, se necesita la valentía de los profetas, siempre capaces de afrontar situaciones que ahogan la dignidad humana, incapaces de pasar por alto tantos atropellos, pequeños o grandes, que deshumanizan nuestro mundo. No se trata de mantener en alto nuestro protagonismo, sino la solidaridad con nuestros hermanos.

Sería fantástico que los cristianos, también hoy, nos convirtiéramos en ese resto convencido y comprometido con la causa de la paz, de la compasión y de la fraternidad, con el cuidado de los pobres y el dolor de los sufrientes, con la promoción de la dignidad humana y con el bien común. Solo entonces la espiritualidad cristiana podría aparecer como una condición indispensable para la construcción de un mundo mejor, precisamente cuando, como las hojas barridas por el viento del otoño, más secas están las esperanzas. Toca releer y orar con insistencia las palabras de Jesús: «Os dejo la paz, os doy mi paz; no os la doy como la da el mundo. No se turbe vuestro corazón ni se acobarde» (Jn 14,27). Y es que la paz que Dios nos da exige algo más que un pacto de no agresión, un alto el fuego o una pausa humanitaria. Exige meter en la conciencia las heridas del hombre y hacer propio el proyecto de Dios. ¿Podremos ser cristianos, personas de paz, de justicia, de amor y de verdad sin crecer en la fe, en la espiritualidad del Evangelio, sin acercarnos de nuevo, humildemente, a la persona de Jesús, pendientes de sus labios y de sus manos? En la vida espiritual siempre hay una tarea pendiente; aceptar que todos somos hijos amados del Padre y hermanos entre nosotros. Si cultivamos su amor y hacemos nuestro el proyecto del Reino, siempre habrá una oportunidad para cambiar y mejorar nuestra vida y nuestra convivencia.

Una clave introductoria nos la da el Salmo 14: «¿Quién puede hospedarse en tu tienda?». Es una oración espléndida para iniciar la lectura de este libro y meditar sobre nuestro propio crecimiento espiritual.

Señor, ¿quién puede hospedarse en tu tienda
y habitar en tu monte santo?
El que procede honradamente
y practica la justicia,
el que tiene intenciones leales
y no calumnia con su lengua,
el que no hace mal a su prójimo
ni difama al vecino,
el que considera despreciable al impío
y honra a los que temen al Señor,
el que no se retracta de lo que juró
aun en daño propio,
el que no presta dinero a usura
ni acepta soborno contra el inocente.
El que así obra nunca fallará.

La espiritualidad cristiana nos lleva ahí, al corazón del santuario, a las entrañas de un Dios que se manifiesta como Padre justo y compasivo. Para acercarse a Dios, el salmista no tiene preocupaciones de índole ritual –vestidos, inciensos u ofrendas–; sus preocupaciones son claramente ético-religiosas. Se trata de un salmo de carácter profético que vuelve inconmovible a quien lo interioriza. Su lectura nos recuerda a Isaías (1,10-20), Oseas (6,6), Miqueas (6,6-8) o Jeremías (6,20). Los tiempos de la profecía siempre han sido tiempos difíciles; también lo eran los tiempos del salmista: triunfaban los que adulaban a los poderosos, a quienes hicieron su fortuna sin demasiados escrúpulos, a quienes se sentían dueños de la verdad y cargaban sobre los hombros de los pobres fardos pesados. Los aduladores, ayer como hoy, siempre desearon una parte del botín, amén de que el pueblo elegido no siempre vivió en la pureza de la Ley. Prevalecía la usura, la venalidad en la administración de la justicia, el cohecho frente a los pequeños. Por eso, alejarse de Dios fue para Israel una tentación constante y una expresión de su fracaso como pueblo. Crecer en la espiritualidad del Evangelio siempre nos alejará de los ídolos del mercado y de la ganancia, de las falsas deidades que nos deshumanizan y que, poco a poco, nos vuelven violentos.

Juan Pablo II, en una bella catequesis sobre el Salmo 14 (Audiencia general del 4 de febrero de 2004) nos recordó algo que nunca deberíamos de olvidar: más allá de la pureza ritual exterior, lo que se nos exige es la pureza de la conciencia y del corazón, el amor a la justicia y la compasión por el hermano. Algo que el profeta Amós (5,21-24) ponía en boca de Yahvé con enorme fuerza:

> Yo detesto, desprecio vuestras fiestas,
> y no gusto el olor de vuestras reuniones.
> Si me ofrecéis holocaustos,
> no me complazco en vuestras oblaciones
> ni miro vuestros sacrificios de comunión de novillos cebados.
> ¡Aparta de mi lado la multitud de tus canciones,

no quiero oír la salmodia de tus arpas!
¡Que fluya, sí, el juicio como agua,
y la justicia como un torrente inagotable!

Si queremos ser hombres y mujeres de Dios y formar parte del torrente inagotable de su amor, tendremos que crecer en la espiritualidad del Evangelio. Solo así nos mantendremos libres, capaces de vivirlo y de anunciarlo, aunque nuestro relato no coincida con el de una mundanidad secuestrada por el poder del mal. Cada uno construye sus propios relatos y alimenta sus memorias. Unos lo hacen desde sus intereses políticos, económicos o ideológicos. Otros, desde la búsqueda de la verdad y del bien. Los creyentes siempre tendremos que hundir las raíces de nuestra vida en el amor de Dios y dejar que él aliente nuestro crecimiento y nuestra esperanza.

Sobre estas cosas quisiera escribir y meditar, consciente de que incluso en la penúltima vuelta de la vida, cuando me toca afrontar el último compás, tengo que saciar mi sed en la fuente del agua viva. Puede que más de uno, necesitado de crecimiento y de esperanza, lo agradezca. Agradezca una palabra de aliento, no la mía, siempre pobre y limitada, sino la de aquel que, a fuer de conocer el corazón humano, fue capaz de sembrar la bienaventuranza en el corazón de los pobres y en la tierra yerma.

Cada etapa de la vida tiene sus oportunidades y sus dificultades. Como los centinelas de la noche, tendremos que estar atentos a la siembra que Dios hace en nuestros corazones. También nosotros tendremos que cuidar el campo, sembrar y, si Dios quiere, cosechar. Nosotros u otros, poco importa. Pero, para ello, hay que alimentar y cuidar las semillas que el Verbo plantó en nosotros como el mejor de los tesoros. Esta es la tarea siempre pendiente: crecer y sembrar; sembrar y crecer, responsables de un campo que, en la fe, a pesar de la oscuridad que nos envuelve, nunca será baldío. El campo que Dios cuida es un motivo de esperanza, la que nunca perderemos del todo si nos dejamos envolver por el amor del Padre Dios, si, humildemente, acogemos su encargo y permanecemos fieles. Hoy la fidelidad no pasa por una senda asfaltada y bien señalizada, más bien nos lleva por las cunetas donde los pobres acampan. Y, sin embargo, las periferias parecen marcarnos los caminos del encuentro.

El tiempo de la siembra y del crecimiento es también tiempo de oración, de petición humilde y confiada. Al Sembrador, celoso de su campo y de su viña, conviene encomendarle la tarea: que la dureza del tiempo que nos toca vivir no nos robe la esperanza. Puede que estos, como los de Jesús, no sean tiempos benévolos para levantar tres tiendas en el Tabor. Puede que este sea el tiempo, monte abajo, de levantar tres chozas en medio del pueblo, donde los pobres y los maltratados de este mundo encuentren paz, fraternidad y esperanza. Difícil será ganarle tiempo al futuro, construirlo en paz, justicia y equidad, si no cultivamos una vida espiritual intensa, si no transformamos nuestro corazón de piedra en corazón de carne, si no abrazamos al Jesús de los caminos de Galilea, de los silencios contemplativos, de la soledad de los olivos, de los diálogos orantes envueltos por la oscuridad de la noche; si no dejamos que nos hable y acaricie el Jesús que incesantemente repetía: «Venid a mí, que yo os aliviaré».

2

AMAR ESTA TIERRA
ROTA Y REDIMIDA

Cuando comenzamos a leer un nuevo libro, es fácil caer en la tentación de buscar «novedades». En los temas de la espiritualidad cristiana, la preocupación se vuelve necesariamente más honda, más incisiva y provocadora. Hay que ir al fondo del corazón, allí donde las palabras adquieren su significado más humano y creyente, allí donde es posible recuperar la propia identidad y crecer en una espiritualidad que dé sentido a la vida. Y hay que ir al corazón del evangelio, a las palabras y a los gestos de Jesús. Por medio de ellos, él nos comunica el propósito de su amor: la cercanía del Reino sembrado en el corazón del hombre y de la historia. Es ahí donde hay que sembrar y cuidar el encargo recibido. No se trata de lanzar palabras al viento, sino de que aflore la experiencia liberadora de la persona creyente, de quien siembra amor y paz en el corazón del hermano y en los surcos de la historia, a pesar de tantas situaciones terribles que vinculan la vida y la muerte y corroen, como un ácido, la esperanza.

Cuando Jesús recorre los caminos de Galilea, visita las aldeas, predica en las sinagogas, hace algo más que multiplicar el pan: acaricia las heridas de los pobres y siembra esperanza en sus corazones, contempla la tierra con ojos empáticos y compasivos. En medio de tantas quiebras y temores, de tantos motivos de desaliento, se vuelve imposible anunciar el Reino sin amar al mundo y su historia, sin apropiarse de la condición humana, sin vivir disponibles a la voluntad de Dios, que quiere que todos los hombres se salven, sean felices y bienaventurados. ¿Solo en la otra vida? Allí será la plenitud de la acogida y del amor; pero este, el tiempo histórico de nuestra vida, es el tiempo de los intentos, de la siembra paciente y de la esperanza. Quien se sabe sostenido por Dios sabe en quién ha puesto su confianza.

No se trata de descubrir novedades, sino de alimentar la fe, de construir en la propia vida un espacio abierto que nos ayude a integrar búsqueda, encuentro y fraternidad. La vieja expresión de san Ireneo: *Gloria Dei, vivens homo* (la gloria de Dios es el hombre que vive, siembra, ama y comparte), nos ayuda a comprender nuestra dignidad, a pesar de la pequeñez y de la fragilidad que nos envuelve y que, muchas veces sin quererlo, acaba adueñándose de nuestro corazón. Lo cierto es que hay muchas vidas truncadas y fallidas, vacías e inhumanas. Vidas necesitadas de sentido, de que alguien les dé una nueva oportunidad.

Nunca faltarán momentos y experiencias que oscurezcan la vida, sin olvidar la fuerza destructiva del pecado. En la fe de Jesús, las páginas oscuras dejan en evidencia el valor del encuentro, de la luz, del amor recobrado y fortalecido. El valor, en definitiva, del significado y del saberse reconocidos y amados. Muchas personas claman por ello desde el grito o desde el silencio. Puede que entonces, cuando el rayo de la compasión nos ilumina, la fe del hijo esperado y abrazado se haga definitiva y, finalmente, nos sintamos de nuevo en casa. En la parábola del hijo pródigo (Lc 15,11-32), el viaje más importante no es el que el hijo pequeño hace a un país que no tiene nombre, sino el viaje de regreso a la casa, a los brazos del padre. Y algo más: puede que la fe compasiva nos abra a un amor perseverante y comprometido. Cuando eso ocurre, los límites que nos impone la fragilidad humana se convierten en un motivo de paciente espera. Dios sabe amarnos tal cual somos. Sabe ser paciente y esperar nuestro regreso.

El encuentro con Dios va acompañado de otros encuentros necesarios y profundos: el encuentro con nosotros mismos, con nuestros hermanos y con la tierra que pisamos. La experiencia humana siempre será una experiencia quebrada y limitada. Aprender a vivir con uno mismo no siempre es tarea fácil. Lo mismo pasa con nuestros hermanos. Y, sin embargo, cuando nos adentramos por los caminos de la conciencia y del corazón, descubrimos el horizonte de bondad, de compasión y de bien que habitan en nuestro interior.

Lo mismo pasa con la naturaleza, su belleza no siempre es tranquila y, sin embargo, es el entorno privilegiado, fecundo y bello que nos permite sobrevivir. Los años pasados en el Ecuador, a la sombra del Cotopaxi o del Chimborazo, sometidos al temor de erupciones, terremotos y deslaves capaces de sepultar pueblos enteros, nos hace comprender que también la tierra es una realidad que hay que cuidar, a fin de que la ecología sea realmente humana.

El papa Francisco, en el capítulo cuarto de *Laudato si'*, nos habla de una ecología integral que incorpore las dimensiones humanas y sociales. El mundo es útil y bello porque nosotros lo vemos y porque forma parte de nuestras vidas. ¿A qué quedaría reducido el Chimborazo si yo no lo contemplara, si nadie ascendiera a su cumbre o, abrazándolo, admirara el fulgor de las estrellas? El medioambiente no solo es el marco, el espacio físico de nuestra vida; forma parte de la «ecología humana» que todos tenemos que cuidar. Si no cuidamos al hombre y no cuidamos el mundo, puede que a las próximas generaciones solo les dejemos excesivos escombros...

En la presentación de su libro *Chimborazo, la montaña sagrada del Ecuador,* Marco Cruz, mi amigo andinista, que ha escalado las cumbres más desafiantes del planeta, dijo algo maravilloso. Maravilloso porque lo dijo él y porque lo dijo ante un público que, seguramente, no esperaba una confesión semejante: «En la cumbre del Chimborazo nunca me sentí solo. Siempre sentí la presencia del buen Dios y de la Santa Virgen María». Su sencilla comunicación de fe nos conmovió y recordó a todos que la tierra que habitamos puede ser el espacio de nuestra soledad, pero también de nuestra mejor compañía.

EL GRITO DE LA TIERRA

La espiritualidad cristiana nos exige vivir atentos, mirar y contemplar la realidad humana, escuchar los murmullos, pero también los gritos de la tierra y los que lanza el hombre oprimido cuando el poder del mal habita y sobrecoge su corazón. El libro del Éxodo (2,23) narra de forma muy hermosa cómo la iniciativa de Dios responde a los gemidos del pueblo de Israel: «Los hijos de Israel, gimiendo bajo la servidumbre, clamaron, y su clamor, que brotaba del fondo de su esclavitud, subió a Dios. Oyó Dios sus gemidos y se acordó de su alianza».

También el Nuevo Testamento está salpicado de gritos que acompañan la encarnación de Jesús. Son los gritos de los inocentes cuando se cumplió el oráculo del profeta Jeremías: «Un clamor se ha oído en Ramá, llanto y lamento grande; es Raquel, que llora a sus hijos y no se quiere consolar, pues ya no existen» (cf. Mt 2,18). Son los gritos de los pobres, que acompañan a Jesús en su camino, cada vez que el Señor se acerca al dolor humano: al endemoniado de Gerasa: «Al ver a Jesús, cayó ante él, gritando con gran voz» (Lc 8,26ss), al ciego de Jericó: «Le informaron de que pasaba Jesús, el Nazareno, y empezó a gritar» (18,38), a tantos hombres y mujeres necesitados de sanación y de misericordia. También Jesús gritará al caer la oscuridad sobre toda la tierra: «Y, lanzando un fuerte grito, expiró» (Mc 15,37). Son los gritos de los pobres, de los necesitados, de quienes claman justicia, pero también son los gritos de indignación de aquellos que, poniéndose en las manos de Dios, entregan su vida por amor a él, al hombre y a su historia.

La vida espiritual nos pide acrecentar la sensibilidad ante el grito, sobre todo cuando la vida está llena de llantos sin consuelo. Y para eso hay que cultivar la cercanía, incluida una cierta visión ingrata de la vida. Sin apenas darnos cuenta, la sociedad de consumo nos ha ido imponiendo el valor de una estética y de una ética complacientes, capaces de anular las exigencias de una ética comprometida. Y, sin embargo, allí donde la injusticia y el dolor acampan, el cristiano tendrá que montar su tienda. Esta tierra que pisamos y que grita cuando la maltratamos es nuestra tierra. Estos son nuestros hermanos, incluidos aquellos que, vagando por medio mundo, siguen sin encontrar un sitio donde acampar, el espacio liberador de la fraternidad, del trabajo digno, del vivir en paz. Es terrible, cuando el miedo a perder nuestro bienestar nos domina, convertir al hermano en diferente o en extraño. Y, sin embargo, a pesar de que tantas veces nos desagrade, el grito de la tierra es también el grito del emigrante, del hambriento de pan y de esperanza.

PARA ESCUCHAR HAY QUE SABER QUIÉN HABITA EL CORAZÓN

Siempre los carismas han desarrollado determinadas sensibilidades. En Adsis, el tema de la *presencia* condicionó el nombre del movimiento y, desde la primera hora, marcó la espiritualidad de los hermanos. La presencia estructuró nuestra espiritualidad: la teología espiritual, la sensibilidad y las actitudes. Sentíamos que no podíamos vivir ausentes de Dios, de los hermanos y de los pobres, que la teología de la encarnación nos pedía cercanía y constancia, entrañas de misericordia y una mirada compasiva. En el atrio de la ermita de Escolumbe, en el corazón del valle de Cuartango, José Luis Pérez, fundador de Adsis, nos inició en el camino de la vida interior. Fue para muchos de nosotros como una primavera posconciliar. Nos ayudó a descubrir nuestra propia identidad, la de ser hijas e hijos amados del Padre, elegidos por Dios desde el comienzo de los tiempos, no por nuestros méritos, sino por su misericordia. Descubrir el corazón habitado por un amor mayor es siempre el primer paso en el camino espiritual. Solo entonces comenzamos a adentrarnos en la aventura de la vocación y a intuir qué quería Dios de nosotros. Fue un privilegio contemplar la acción de Dios en el corazón de muchos hermanos y hermanas necesitados de luz y de fortaleza. Hermanos que comprendieron que pertenecían a Dios por encima de cualquier otra pertenencia o vínculo, del éxito de nuestras relaciones, capacidades o proyectos. Saber a quién pertenecemos, más allá de los vaivenes de la vida, nos hará resistentes, pacientes y bienhumorados.

La fuerte presión social en la que vivíamos nos empujaba a buscar nuestra identidad en los estudios, en el dinero o en el éxito social. Descubrirnos amados nos hizo comprender el valor de nuestras vidas y el sentido más hondo de la fe. Ese fue el primer paso en nuestro proceso de liberación. Fue fantástico descubrir que nuestra vida, con sus luces y sus sombras, tenía sentido y que Dios esperaba algo de nosotros. Como actores, a muchas personas les toca hacer variedad de papeles, aun sabiendo que nuestra identidad es otra. Descubrirla supone terminar con la tiranía del yo.

Y con la identidad, José Luis nos transmitió la pasión por la presencia, la necesidad de la cercanía, la importancia del compartir y, como un mago que saca el conejo de la chistera, nos abrió a los valores cristianos de la vida interior y de la fraternidad. La presencia cristiana nos impulsó a caminar con los pobres, unidos a Jesús y a los hermanos. Leyendo el evangelio desde esas claves, descubrimos que esa era la voluntad de Dios y su proyecto. El suyo y el nuestro. Así descubrimos nuestro lugar en el mundo. Y, humildemente, comprendimos cuál era para nosotros la voluntad de Dios, cuál nuestra identidad de hijos y de hermanos. Semejante descubrimiento no siempre es fácil. A lo largo de los años, pocos o muchos, siempre hay que capacitarse para escuchar al Dios presente y discernir su voluntad. Puede que en algún momento nos despierte el grito de Dios como un trueno en medio de la noche y nos descubra los misterios de la vida interior, del silencio y de la oración, de la necesidad del hermano, del encuentro con el pobre y con el Dios cercano, acampado entre nosotros. En cualquier caso, nada nos librará de hacer un proceso de crecimiento en la vida y en la fe. De la mano de Jesús comprenderemos que vivimos en una tierra rota y redimida, necesitada de claridad y de compromiso. Allí, en el atrio de Escolumbe, comprendimos que el mejor sitio para descubrir nuestra identidad y la presencia de Dios en la propia vida era la soledad y el silencio. Al amparo de la vieja ermita sentimos que el encargo recibido por Jesús era también nuestro encargo.

La cercanía de Dios nos lleva de la mano a estar cerca de nuestros hermanos, de aquellos con los que compartimos la fe, la vida, el amor y el proyecto. Cuando la vida interior se pierde, la fraternidad se difumina y el proyecto del Reino se vuelve invisible. Entonces acabamos olvidando que la misericordia, como clave de la vida cristiana, es el más bello nombre de Dios y, poco a poco, vamos asumiendo los dictados de la mundanidad. ¿Será que claves como la misericordia, la fraternidad y el cultivo de la vida interior van dejando de ser nuestras claves centrales y decisivas, hasta el punto de acostumbrarnos al frío del invierno? Si queremos crecer en fidelidad, siendo cada día más hijos y hermanos, tenemos que afinar el oído y abrir el corazón: es necesario auscultar el mundo interior, pero también escuchar los gemidos de los empobrecidos. Nuestra capacidad de encontrarnos con el hermano, de salir a las periferias y de asumir los retos de la misión, favorece la escucha del grito y del latido. Toca adentrarse en una tierra rota, tantas veces abandonada o malvendida y, fieles al proyecto de Jesús, llegar más allá, al corazón herido del hombre, a la nostalgia de la fe y del amor. Hasta que no llegamos al corazón, la cercanía no está asegurada y tampoco lo está el encuentro. Muchas relaciones humanas son epidérmicas e irrelevantes, sobre todo en la medida en que las palabras, los gestos y los sentimientos no afectan a nuestra capacidad de amar, a la gratuidad o a la compasión. A amar se aprende amando, y esto exige llegar a la entraña de Dios y a las entrañas humanas. En semejante contexto, presencial y evangelizador, la Iglesia siempre tendrá que ser conciencia crítica y activa, capaz ella misma de gritar a los cuatro vientos los valores de la justicia y de la compasión. Pero, para escuchar y ser escuchados, hay que estar cerca.

Ponerse en el lugar del otro y sufrir con él, asumiendo juntos las páginas amargas de la vida, no está exento de tensiones y de conflictos, propios de una vida adulta. La vida espiritual cuenta con ello y el evangelio, un espacio apasionado, pródigo en mostrar las tensiones que se desencadenan alrededor de Jesús y, también, en su corazón de Siervo doliente. A Jesús le duele el sufrimiento de los pobres, la muerte del amigo, la incomprensión de los discípulos, el futuro de Jerusalén. Le duele el mundo en la medida en que se encarna en él. Un cristiano tendrá que asumir e integrar las tensiones siempre presentes en el lado oculto de la vida y en los entresijos y enredos de la historia. Hay momentos, la mayoría de las veces inevitables, en que estamos dispuestos a abrazar el dolor. Pero, normalmente, tratamos de evadirnos. Siempre tendremos que distinguir entre el dolor destructivo que nada purifica y que solo sirve para machacar al hombre y el dolor que va unido al amor y a la entrega de la vida. A pesar de las dificultades, siempre tendremos que alimentar la esperanza de que el Señor nos ayudará a caminar por la senda del bien. Solo así podremos pasar con una cierta facilidad del desequilibrio del miedo al equilibrio de la confianza.

Las palabras del papa Francisco (congreso *Hombre-mujer, imagen de Dios,* 1 de marzo de 2024) nos recuerdan que respondemos a una vocación personal, profundamente original, lo cual siempre nos llevará a compartir lo que somos y amamos: «La vida de cada uno de nosotros, sin excluir a nadie, no es un accidente en el camino. Nuestro estar en el mundo no es un mero fruto del azar, sino que formamos parte de un plan de amor, y estamos invitados a salir de nosotros mismos». Cuando el Señor nos llama, nunca nos deja solos, como si fuéramos barcos a la deriva. Puede que las dificultades nos abrumen y el miedo nos paralice, puede que la tierra se nos haga ingrata y el hombre se vuelva un depredador, pero en el interior del corazón humano siempre estarán presentes los ecos del encargo recibido: ser nosotros mismos, capaces de amar, de compartir y de dar vida. Solo así seremos testigos de la misericordia del Padre.

Especialmente resulta dolorosa la experiencia del caos cuando este nos salpica personalmente: el desorden de la propia vida, del entorno familiar, de la política, de la ausencia de la paz, de la pobreza lacerante que atenaza a tantas personas, del abandono que supone dejar la propia tierra y los brazos que nos mecieron... Puede que en el silencio orante descubramos que esta tierra rota es el espacio de nuestra vocación, el lugar privilegiado en el que estamos llamados a ser testigos.

Ante las dificultades nos toca mirar al cielo, sentir la nostalgia de Dios y pedir su bendición. Ojalá que él diga y haga algo bueno a nuestro favor. Bien está que así sea, sobre todo si la invocación del Dios bueno nos hace mejores y nos compromete a purificar el corazón de cualquier codicia. Pero no hay que olvidar que la espiritualidad cristiana también nos lleva a mirar hacia abajo y hacia adentro, a mirar y a amar la viña de Dios. Pierre Teilhard de Chardin hablaba de un *filum* misterioso que a veces se enreda, pero que conduce al mundo hasta el punto omega de la vida plena. Comprender la complejidad de la vida nos lleva necesariamente a vivir nuestra fe con los hombres y mujeres de esta tierra, arraigados en un mundo incompleto y en proceso que reclama nuestra presencia. Así como el proceso de creación no ha terminado, de la misma manera tendremos que ejercer aquella paciencia activa que marcó la vida de nuestros primeros padres y hermanos en la fe. El Dios encarnado sigue presente entre nosotros. Y nosotros también seguimos presentes en esta tierra rota, solidarios con las lágrimas de los sufrientes, pero con gozo y con paz, convencidos, tal como el papa Francisco nos recuerda en *Laudato si'* (n. 222), que «menos es más». El papa insiste en el valor de lo pequeño, en un modo alternativo de vida, capaz de gozar sin obsesionarse por el consumo. La espiritualidad cristiana reclama una mayor sobriedad y la capacidad de gozar con poco. Quizá por eso Jesús siempre compara el Reino con algo pequeño y pone el acento en el crecimiento interior, de tal manera que, más allá del dominio y de la acumulación, prevalezca siempre el valor de la persona, cuya cercanía y promoción dará alas a la esperanza. Aunque la oscuridad se cierna sobre el hombre y no alcancemos a ver con claridad la línea del horizonte. Ese intento santificará todo lo bueno que llevamos dentro.

Para escuchar necesitamos dos movimientos: *adagio* y *allegro,* la experiencia lenta, paso a paso, que supone acercarse y compartir, y la experiencia animada y con energía de quien acompaña y ayuda a discernir. En cualquier caso, hay que estar cerca, atentos a los murmullos del otro, a sus gritos y a sus silencios, atentos a los gemidos de una historia no siempre fácil de narrar, siempre manipulable desde los intereses humanos, desde las narraciones engañosas de la política o de la cultura dominante. El hombre y la tierra, quebrados por la codicia, por la fuerza destructiva del pecado, necesitan una escucha compasiva, la única que puede desintoxicarnos y curarnos de la tentación de volvernos agresivos y violentos con nuestros hermanos.

Podemos hacer todos los análisis sociopolíticos que queramos, pero, al final, tendremos que aprender a vivir en la complejidad y en la tensión que nos permitan amar la tierra rota que pisamos, necesitados como estamos de descubrir la voluntad de Dios y su proyecto salvador.

Alimentar la esperanza

A pesar de la dureza de las imágenes que puntualmente nos sirven los medios de comunicación, ¿podremos amar al mundo y su historia? Muchos insisten en el hecho de que hoy conocemos lo que ocurre en las antípodas del mundo en tiempo real y que el conocimiento global y puntual de la realidad nos condena a vivir en la fugacidad del momento y a ser obligados e inútiles testigos del sufrimiento humano. ¿Estaremos condenados a vivir en la provisionalidad, en lo efímero, en la epidermis de todo lo que sucede a nuestro alrededor? ¿Nos contentaremos con ser solamente testigos pasivos de lo que pasa a nuestro alrededor, silenciosos y complacientes, o, por el contrario, seremos testigos vigilantes, compasivos, sinodales y atentos a lo que se hace o acontece?

Cuando pienso en ello, recuerdo las palabras de Jesús de Nazaret: «Habéis oído que se dijo […] pero yo os digo». El texto de Mt 5,17-48 refleja con fuerza la autoridad de Jesús y nos obliga a ver la realidad con ojos nuevos. Poco importa lo que nos hayan dicho;

importa lo que nos dice él. Jesús nos insiste en algo que hoy cobra especial actualidad, algo que ya los cristianos de la primera y segunda generación proclamaron con enorme fuerza: la convicción de que vivir de otra manera es posible.

No deja de ser significativo que Jesús anuncie la novedad del mensaje en el monte de las Bienaventuranzas. Quien asume su proyecto tendrá que cambiar la mirada y la vida. Jesús se dirige a quien mata, a quien pone la ley o el rito por encima de la persona, al adúltero o al que jura en falso. Se dirige a un mundo lleno de leyes y de trampas, reclamando una pureza mayor, poniendo el acento en lo esencial, en la dignidad humana y en el proyecto de Dios. Y lo hace con una autoridad superior a la ley, llevando hasta el extremo el amor al prójimo. Lo que late en el capítulo 5 de Mateo es una forma de vida libre, fraterna y solidaria que siempre busca, por encima de todo, el bien del hombre. Lo que Jesús proclama son verdades que solo puede decirlas una persona llena de Dios.

El Evangelio de Jesús se dirige a un corazón casi siempre roto, cansado y agobiado. «Venid a mí», «no vuelvas a pecar más», «tú ven y sígueme»…, son palabras que exigen y, al mismo tiempo, ofrecen una nueva forma de vida; palabras que nos recuerdan que se puede amar de forma diferente, cuidando al hermano y recreando la tierra, en la que, con infinita paciencia, Dios sigue sembrando. Dos mil años de historia, desde que el Hijo de Dios se hizo carne y habitó entre nosotros, dejan en evidencia la capacidad que Dios tiene de esperar. Cuando las personas abandonan su antigua vida de pecado y se abren a la novedad del Evangelio, lo que Jesús percibe son signos que anuncian un mundo nuevo. Más allá de la preocupación moral del Bautista, Jesús se preocupa por los sufrientes, trata de curar sus heridas, de aliviar su dolor y de llegar al corazón.

A lo largo de los siglos, y ante la barbarie que supusieron guerras y holocaustos, siempre se repitió, como un estribillo oportunista: «Nunca más». Los que firmaban las paces preparaban las siguientes guerras. Millones de jóvenes murieron en las guerras mundiales y siguen hoy muriendo en las trincheras. La rueda del mal sigue girando. Puede que el mal lo tengamos siempre a nuestro lado y, si no estamos atentos, se instale en nuestro corazón. Lo novedoso es que Jesús vive y está presente entre nosotros. Las personas más desgraciadas pueden experimentar su cercanía y alegrarse, renovar su esperanza y entrever los signos de la misericordia. En medio de la noche oscura, del mundo roto, siguen resonando las palabras de Jesús: «El pueblo postrado en tinieblas ha visto una intensa luz [...] Desde entonces comenzó Jesús a predicar y decir: "Está cerca el reino de Dios"» (Mt 4,16-17). El mundo roto es el mundo redimido por su presencia. Y es que el Reino es él.

3

Donde Dios siembra

Perdemos el camino del crecimiento personal y creyente porque el horizonte de la vida y de la fe fácilmente se nos desdibuja, sometidos como estamos a este inmenso mercadillo de demandas y de ofertas. Más allá de todo lo que podemos gastar y consumir, comprar y vender, necesitamos ir a lo fundamental, a ese fondo de verdad que habita en el corazón, siempre iluminado y esclarecido por la fe, por la certeza de que Dios nos ama tal cual somos y tiene para nosotros un proyecto salvador. Entre las prisas y el ruido diario fácilmente perdemos el brillo de la vida y el sentido de las cosas fundamentales.

La espiritualidad cristiana se mueve en el horizonte del Reino, con su misterio y su crecimiento sorprendente en el corazón del discípulo. Y, sin embargo, el camino del Reino no siempre es evidente ni fácil de seguir. Los apóstoles experimentaron la dificultad, no comprendieron y, ante el cansancio y el desánimo, dejaron en evidencia los motivos de fondo que, de hecho, anidaban en su corazón. El afán de seguridad y la tentación de poder eran demasiado grandes.

La parábola del sembrador abre el capítulo 13 de Mateo (vv. 1-9) y se vuelve una referencia imprescindible a la hora de alimentar nuestra espiritualidad y nuestra vida pastoral, pero, sobre todo, a la hora de situarnos ante la urgencia del Reino. El evangelio de la siembra nos comunica la importancia de la paciencia y de la confianza en la acción de Dios, pero también de la predicación y de la escucha, en un momento en el que precisamente Jesús experimenta el fracaso del anuncio. Para que la Palabra ilumine los entresijos del corazón es necesario estar atento, escuchar y dejarse sorprender, como quien rotura la tierra, la limpia y la prepara para que no sea una costra impenetrable. Lejos estaban Corozaín, Betsaida y Cafarnaún de una actitud humilde de escucha y de acogida. Jesús insistirá en que el Evangelio es revelado a los sencillos, a aquellos que experimentan el alivio que supone dejarse tocar por la misericordia entrañable. Lo mismo que ya no hay pueblo escogido, tampoco hay pueblos maldecidos. Toda persona puede dejarse encontrar por Dios.

El texto de Mateo nos ayuda a comprender el valor de la verdad que Jesús proclama. Presenta siete imágenes en torno al Reino que conforman un auténtico discurso parabólico. Muchos se han preguntado por qué Jesús hablaba en parábolas. A la luz del lenguaje parabólico, sencillo y directo, quedaba en evidencia el rechazo de escribas y fariseos y la apertura de Jesús a una comunidad nueva, capaz de escuchar y de abrirse a los misterios del Reino. Dios siembra donde quiere, como quiere y cuando quiere, y su lógica supera cualquier prejuicio que pueda nacer del entendimiento humano. También supera el embotamiento de la mente de los apóstoles, algo que ocurre con frecuencia: por ejemplo, cuando Jesús camina sobre las aguas (Mt 13,22-23), cuando calma la ansiedad de los discípulos, que solo llevan consigo un pan y, una vez más, no entienden de lo que Jesús habla (16,5-12), cuando el Señor les hace el segundo anuncio de la pasión (18,1-5), cuando, yendo por el camino, se preguntaban quién era el mayor, el más importante *(ibid.)*, cuando, ante la pregunta del joven rico, tiene que explicar el sentido de la llamada y el peligro de las riquezas (19,16-22), cuando les insiste en que los jefes tienen que servir (20,24-28) y que los últimos serán primeros. Es evidente que la pirámide se invierte. Hay que pensar de otra manera y dejar que Dios vaya haciendo su obra. Hay que sembrar otra simiente y desear otros frutos.

A orillas del mar, rodeado de gente, Jesús tuvo que sentarse en la barca para que pudieran escucharle. Y, para torcer una forma de pensar solo humana, trastocada por la codicia del poder, les habló de muchas cosas: del sembrador, de la cizaña, de la mostaza, de la levadura, del tesoro, de la perla y de la red. La conclusión siempre es la misma: el Reino está en lo pequeño y escondido y solo se necesita abrir el corazón para descubrirlo y acogerlo. Ahí, en el corazón humano, se arraiga el universalismo de la salvación, a la que todos estamos llamados. En la JMJ de Lisboa, el papa Francisco repitió con fuerza: «Todos, todos, todos». No lo hizo frente a la exclusividad del pueblo judío, sino desde el pluralismo cultural que hoy seduce la vida de todos, especialmente de los jóvenes. También la comunidad de Mateo, con una amplia presencia de gentiles, tuvo que vivir la tensión entre ser pueblo elegido y el deseo de Jesús de abrir la salvación a cuantos sentían la necesidad de ser acogidos y amados.

La parábola lo plantea con gran sencillez y, al tiempo que denuncia el rechazo de Israel al proyecto del Reino, aclara el misterio del seguimiento y pone en evidencia el crecimiento del Reino en el corazón del hombre. Todos somos llamados a seguir a Dios de cerca, todos somos campo de su sementera.

Lo cierto es que no toda tierra es buena para acoger la semilla de Dios. Con frecuencia, ni el campo es bueno ni el corazón está bien dispuesto. Las semillas que caen a lo largo del camino, o en el pedregal, o entre los abrojos, fácilmente se pierden. Solo las que cayeron en tierra buena dieron fruto. Así ocurre con la Palabra del Reino. A lo largo del camino es fácil que el Maligno la arrebate del fondo del corazón. La falta de raíz, el dolor ante las dificultades de la vida, la seducción de las riquezas y el ansia de seguridad ahogan la Palabra y, poco a poco, van haciendo infecunda la vida. Solo el que escucha la Palabra, la interioriza y la cuida como un tesoro da fruto. Un fruto que permanece y que reorienta la vida en la dirección del amor y del bien. Nuestra entrada en el Reino no depende de nuestras cualidades, ni de nuestra calidad moral, ni de nuestra pertenencia a una determinada Iglesia. En todo ello encontraremos una gran ayuda, una gran oportunidad, pero la pertenencia al Reino la define la apertura del corazón a la iniciativa de Dios y, en definitiva, el encuentro con él. Toca abrir las entrañas y dejar que Dios nos encuentre y haga su obra.

A pesar de la claridad con la que Jesús se expresa, todo el evangelio está jalonado de la incomprensión y de la torpeza de los discípulos. A la luz de la Pascua entenderán por fin lo que, siguiendo a Jesús por los caminos de Galilea, no acababan de comprender. Tristemente, no saben lo que dicen ni lo que piden. Cuando van intuyendo que el proyecto de Jesús no coincide con su propio proyecto, comenzará la desbandada y muchos se alejarán del Maestro.

Puede que esto mismo nos pase a nosotros. La llamada que Jesús nos hace es una semilla. Que se convierta en un árbol fecundo en cuyas ramas puedan anidar los pájaros dependerá de nuestra capacidad de ser discípulos, aprendices humildes, a lo largo de toda la vida. Recuerdo las palabras del viejo y entrañable P. Tescaroli, estando yo a las puertas del episcopado: «Cuidado con la prepotencia de los años, de los cargos, de la veteranía. No te olvides nunca de que en el camino de la fe y de la fraternidad siempre seremos aprendices». Pocos días después de pronunciarlas, el buen padre falleció. ¿Podría habérselas ahorrado? No lo creo. Hasta el final de su vida, el P. Tescaroli sintió la necesidad de proclamar la verdad, de ser sincero y provocador. La muerte no arrebató la grandeza del sembrador.

El corazón roto y endurecido del hombre siempre pondrá dificultades a la siembra de la gracia. A pesar de ello, Jesús nos muestra la constancia terca del sembrador, insistiendo en el valor de la siembra generosa. No dará por perdida la simiente que cae en el camino, entre las piedras o las malas hierbas. Jesús sabe qué significa vivir en la superficie de la vida sin que los acontecimientos penetren en nuestro interior; sabe también qué significa sobrevolar la vida sin tocar las heridas del hermano; sabe lo que es vivir sin raíces; sabe cuál es el poder de la cizaña y la fuerza absorbente del pecado… Pero sabe también que el desierto, si empujamos un poco y nos dejamos transformar por la fuerza del amor, puede convertirse en un vergel. Cuando la Palabra penetra nuestro interior, la Palabra y la vida se vuelven fecundas.

Amar la tierra rota es amar las oportunidades que Dios nos da para crecer al amparo de la siembra y del cuidado. Cuando predico, me gusta hablar de la «cultura del cuidado», que tiene que impregnarlo todo, especialmente nuestras relaciones fraternas, la preocupación por los pobres, las tareas pastorales y el dolor de los sufrientes.

La Palabra cae en tierra

No cae por la ley de la gravedad, sino por la fuerza de la luz y del amor. «La Palabra era la luz verdadera que ilumina a todo hombre que viene a este mundo» (Jn 1,9). Nuestra fe, la vocación a la que hemos sido llamados, es fruto de la Palabra que cae de lo alto, que ilumina y fecunda las entrañas del mundo y del hombre. Es un regalo fruto de la siembra de Dios, algo que siempre tendremos que acoger y valorar de forma misteriosa.

La fe es un don de Dios que nos ama, que se encarna, se hace prójimo y compañero de camino. De un Dios que no fuerza nuestro entendimiento ni nuestra libertad. El Dios de Jesús, el Padre misericordioso, sabe esperar, acompañar y persuadir. Jesús mismo es la Palabra que se abaja, se adentra y se hace tierra de nuestra tierra y vida de nuestra vida. Así, la tierra que pisamos se convierte en un espacio sagrado y fecundo.

Para que el Maestro siembre y la semilla arraigue es necesario acoger la Palabra con humildad. Solo entonces la semilla se adentra en la tierra, brota, crece y da fruto. Es curioso que una parábola tan evidente como la del sembrador tenga que ser explicada. Quizá la insistencia nazca no tanto de la necesidad de entender cuanto de purificar las intenciones del corazón. Necesitamos preparar la tierra, abrirla, orearla, regarla… Jesús nos habla del espacio fecundo, de la tierra buena, del corazón abierto a la acción de Dios. No le frena la torpeza de los discípulos, al contrario, le hace pedagogo paciente que explica una y otra vez lo que parece evidente.

Dicha la parábola, y antes de explicarla, Jesús recordará al profeta Isaías (6,14-15): «Escucharéis bien, pero no entenderéis; miraréis bien, pero no veréis. Porque se ha embotado el corazón de este pueblo». Los discípulos participan de la dificultad que el judaísmo tiene para comprender que la salvación que Dios ofrece es para todos. Muchos, incapaces de comprender que Dios siembra en el corazón de toda persona que se abre al amor de Dios, acabarán abandonando a Jesús. Él es consciente de esta dificultad y bendecirá al Padre, que oculta los misterios del Reino a los sabios y prudentes y se los revela a los pequeños (Mt 11,25). La llamada que el Señor nos hace es una semilla que necesita la apertura del corazón. Nos toca vivir en la sana sospecha de nosotros mismos, de nuestros intereses ideológicos, económicos o de poder y aceptar con humildad la siembra que Dios, día a día, va haciendo en nuestros corazones.

Para crecer en la espiritualidad cristiana tenemos que ser hombres y mujeres de fe. La fe en Jesús nos hace comprender que la salvación viene de él y que situarnos en el horizonte del Reino cambia nuestra vida. A veces, con dolor, descubrimos que no todo vale, que ya no es posible vivir de cualquier manera. Si nos identificamos con Jesús, tendremos que vivir como él, amar como él y asumir su proyecto de vida y de esperanza. Nuestra fe en Jesús siempre empujará la vida en la dirección del Reino. Muchas cosas quedarán atrás, arrinconadas en el trastero del pasado. Prevalecerá la certeza de un futuro sostenido por las manos de Dios, la vida plena, tantas veces deseada y difícil de alcanzar.

Abrirnos a la siembra de Dios y dejar que él modele nuestra vida abrirá para nosotros un horizonte de bienaventuranza y hará que algunas cosas cambien. Quizá no cambie todo, pero sí lo esencial, hasta alcanzar la parte buena, la que escogió María, atenta a la presencia y a las palabras de Jesús: «Hay necesidad de pocas cosas o, mejor, de una sola. María ha escogido la parte buena, que no le será quitada» (Lc 10,42). Puede que los quehaceres de Marta no empujaran tanto la vida en la dirección del Reino cuanto la contemplación y el silencio de María, rendida a los pies de Jesús. Ella no permitió que las preocupaciones de la vida la sacaran del propósito descubierto un día en lo más hondo de su corazón. De la mano de María descubrimos que lo esencial no depende tanto de nuestras fantásticas ideas y proyectos cuanto de la presencia de Dios y de nuestra capacidad de amar y de dar vida según lo que él siembre y disponga.

En la fe hay una consecuencia ineludible: la necesidad de cuidar la relación con Dios, con los hermanos y con el propio yo, necesitados como estamos de crecimiento y de armonía. Las cosas no funcionan de forma automática, por muy bien diseñadas que estén en el papel. Allí donde no hay cuidado hay pérdida, y difícilmente, aunque seamos fantásticos diseñadores de proyectos, la fe empujará la vida. Si algo echamos de menos en estos tiempos desconcertantes en los que apenas hay espacio para el encuentro, dominados como estamos por la prisa, la tecnología, el quehacer o la acomodación, es precisamente el cuidado de la vida interior. No basta con constatar su carencia. Necesitamos algo más: espacio, tiempo, apertura del corazón, conciencia del límite y apertura al amor de Dios, a las necesidades de los hermanos y de cuantos sienten hambre de pan y de amor. De la mano de Jesús descubriremos el valor de lo fundamental, lo que a él le interesa: descubrir la cercanía de Dios, a pesar de los fracasos y de la rutina de la vida o, quizá, de pasar la noche entera tratando de lograr una buena pesca.

La fe hace más profundo el surco de la besana. Lo hace más profundo y más fecundo y, al tiempo que impulsa la vida y el crecimiento, nos hace comprender que la vida espiritual no es cosa hecha, por muy intensa que haya sido el fogonazo del principio o la experiencia del primer amor. Es algo que con frecuencia vemos en muchos de los nuevos movimientos: la experiencia de choque del principio, fuertemente emocional, contrasta con la poca voluntad de seguimiento, con la débil perseverancia que todo proceso espiritual necesita. Más que fogonazos necesitamos procesos que arraiguen el seguimiento en la experiencia honda de la fe. La espiritualidad, entendida como capacidad de vivir en lo esencial, apasionados por el amor de Dios y por dar a luz amores nuevos, hay que cuidarla, alimentarla y sostenerla en los tiempos espléndidos, cuando el sol ilumina el horizonte, y en los tiempos de poniente, cuando sus rayos se esconden. En cualquier momento de la vida, lo importante es que Dios se nos cuele en la pupila y llene de luz nuestra mirada.

A lo largo del tiempo descubrimos que la vida espiritual no es una cosa hecha, una posesión pacífica e inalterable. Hay que cuidarla, con la confianza de que Jesús camina a nuestro lado y nos sostiene con su infinito amor. Entonces, más allá de la nostalgia de los tiempos pasados, sostenidos en gran parte por la fuerza y los éxitos de la institución, tendremos la fuerza de recorrer nuevamente los caminos de Galilea. Ahora sí, con paso humilde y paciente.

Hay algo que siempre llama la atención en el evangelio. Por una parte, la resistencia del hombre ante la siembra. Los propios discípulos son duros de cerviz para comprender, para asumir el proyecto del Reino con novedad, para mantenerse despiertos a la hora de la prueba. Por otra parte, resulta conmovedora la insistencia de Jesús, su constancia a la hora de anunciar el Reino, de acariciar las heridas de los pobres, de mantenerse fiel a su cita con el Padre en la oración. Y todo ello a pesar de la experiencia de reducción que, de forma dramática, acompaña a Jesús.

Hoy, en medio de un mundo cada vez más preocupado por la seguridad individual que por la dignidad de la persona, el bien común y la solidaridad con los más pobres, nos toca volver nuevamente a la Galilea de los gentiles, a los cruces de los caminos, allí donde el pluralismo cultural se entrecruza y la fe fácilmente se desvanece. Y, sin embargo, también la realidad compleja y cambiante nos sigue enseñando y marcando el camino del seguimiento. Vivir atentos a los signos de los tiempos, al hambre de sentido que muchas personas experimentan, a sus dolores y a sus sueños, es para la Iglesia un enorme desafío pastoral. Día a día experimentamos la dificultad del anuncio y del testimonio, sin embargo, a pesar de la dificultad, de nuestra propia experiencia de reducción –reducidos en número, en medios, en capacidad convocante–, el anuncio del Reino y la urgencia de la evangelización se vuelven más apremiantes.

¿Podremos mantenernos firmes, serenos y alegres en medio de la adversidad, especialmente cuando el declive de la vida o las experiencias de fracaso nos envuelven? Quizá por eso, humanamente hablando, pareciera que el éxito y el reconocimiento fueran condiciones indispensables para encontrar sentido a la vida y a la tarea evangelizadora. Tanto es así que nos volvemos reacios a aceptar la experiencia del límite o de la caducidad, y con facilidad caemos en la desesperanza o en la amargura. Cierto que podemos acostumbrarnos a vivir en la penumbra, a vivir a tientas y a esperar sin demasiada esperanza. También nosotros somos capaces de adormecernos y de someternos a los dictados de la sociedad de consumo y a las exigencias del buen vivir.

Pero hay dos experiencias que pueden sacarnos del letargo: una, poner los ojos y el corazón en la realidad humana, en su infinita capacidad de amar y de dar vida, de sacrificarse por el hermano y de hacer el bien. Siempre me ha conmovido el mundo de los agentes de pastoral, de los voluntarios y de los misioneros que, en el ancho mundo, en el pequeño espacio de su parroquia o de su barrio, viven con la mirada siempre puesta en las necesidades de los más pobres, de los vulnerables y sufrientes. La misma emoción he sentido ante la confianza en el Dios cercano y providente que cuida de los pajarillos y de los lirios del campo, capaz de acampar en los pliegues del corazón herido y de mantener siempre encendida y atenta la mirada de la misericordia. Quien descubre a Jesús como compañero de camino y mantiene encendida la lámpara de la fe, siempre encontrará motivos de esperanza. En la realidad de la vida y en el fondo del propio corazón descubrirá la siembra de Dios, sabrá esperar pacientemente la cosecha y cuidará el campo en el que Dios esconde sus tesoros. La fe no solo ilumina el camino y sostiene la esperanza. Hace también que la realidad se convierta en maestra y dé alas a nuestro deseo de plenitud.

Importa comprender y aceptar que nunca faltarán dificultades y momentos de crisis. No siempre es fácil alimentar la vida espiritual en medio de un contexto cultural y social indiferente, cuando no adverso. En medio de la dificultad pareciera como si nuestro pozo se hubiera secado. No son pocos los teólogos que en las actuales circunstancias nos plantean como referencia la espiritualidad del exilio del pueblo de Israel. Una espiritualidad que, a pesar de la dureza del desierto y de la ausencia de caminos, toca el corazón del hombre y la fe del pueblo peregrino.

Las crisis son parte de la vida y dejan en evidencia que, con frecuencia, la comprensión de la realidad, especialmente nuestras contradicciones y límites personales y comunitarios, no siempre es fácil. Pienso que la razón de nuestros desvaríos obedece no tanto a la ausencia de la luz, sino a la ceguera, a la incapacidad de mirar con ojos de misericordia y de poner nuestra confianza en Dios. Mirar la realidad con sus ojos es ya una manera de transformarla y de humanizarla. Iluminada por la fe, la realidad entra a formar parte del misterio y, más allá del sufrimiento, se convierte en maestra.

Cuando la crisis toca las entrañas y cuestiona el sentido de la vida, la pregunta que surge en nuestro interior es como un reproche dirigido al cielo. Cuando el papa Benedicto visitó Auschwitz, postrado ante los barracones de los presos, se preguntó: «Señor, cuando sucedían estas cosas, ¿dónde estabas?». Con mayor o menor intensidad, es la pregunta que, de hecho, en algún momento de la vida todos nos hacemos.

Muchas de las personas con las que Jesús se encontraba a diario vivían auténticos dramas humanos: la pobreza, la enfermedad, la muerte de las personas amadas, la exclusión y el desprecio de los poderosos. Para todos ellos, la mirada compasiva de Jesús obraba el milagro más profundo de dar sentido a sus vidas y de colmar su esperanza. No es suficiente con que la vida nos enseñe. Necesitamos que Jesús nos acompañe y nos recuerde nuestra condición de hijos. Puede que, en más de una ocasión, nos sintamos solos, abatidos o amenazados; puede que experimentemos el mal y nos sintamos abandonados. Podemos aspirar a una vida nueva si somos capaces de abrazar nuestras heridas. No se trata de un simple sentimiento compasivo –o autocompasivo–, sino de una certeza fundamental que sostiene la vida espiritual: la que nos dice que, aunque rotos, somos amados. A la luz del amor, nuestras crisis no son lo más importante. Puede que sean una gran oportunidad para crecer en la fe. Solo entonces, a pesar de la dureza de nuestras preguntas y de nuestro quejido, Jesús nos recordará el valor de la fe y la corta distancia que nos separa de él.

Así ocurre hoy con nosotros. Crecer en la espiritualidad cristiana supone provocar y cultivar en nuestros corazones el encuentro personal con Jesús, descubrir su presencia a nuestro lado, en nuestro interior. Si nos mantenemos fieles en el cultivo de la interioridad, llegaremos a la conclusión de que solo Dios puede ofrecernos el agua viva que sacie nuestra necesidad de ser amados. Puede que este sea el tiempo de la luz tenue que brilla en medio de la tiniebla, de la fe en el Dios escondido, de la confianza en que sus promesas se cumplirán. Cuando esto ocurre, no hay que quitarle tiempo ni espacio al Señor. Por el contrario, hay que cuidar con mimo su cercanía. En el reverso de una vieja estampa encontré unas hermosas palabras, llenas de realismo, atribuidas a san Enrique de Ossó:

Para ti trabajas, para ti te esfuerzas, para ti sufres, vives y mueres. Si para ti no tienes interés, si para tu alma no tienes empeño, ¿para quién y para qué cosa lo tendrás? Ama tu alma, tu vocación sobre todas las otras cosas. No estás solo en esta sublime empresa. Ánimo y que nada te turbe, nada te espante, que Dios no se muda y que quien a Dios tiene nada le falta.

Solo así descubriremos un amor que sobrepasa todo amor. Tenemos que superar la idea de que somos autorreferenciales, de creernos el ombligo del mundo y, con sencillez, recuperar la alegría del Evangelio, las palabras sencillas y fundamentales que sostienen la esperanza: la viña, el campo, el camino, la acogida, la mesa grande, el pastor, el siervo, el sembrador, el silencio de la noche y el perfume de los nardos... Importa lo que Dios siembra en el corazón del hombre y lo que cada uno cuida en su propio corazón. No estamos solos en esta tarea. Y de nosotros dependerá que nadie se sienta solo.

La Palabra es, a este respecto, insistente: «Alégrate, llena de gracia. El Señor está contigo» (Lc 1,28). Ese es el significado del Emmanuel (Mt 1,23). Y será de forma constante la promesa del Señor: «Porque donde están dos o tres reunidos en mi nombre, allí estoy en medio de ellos» (18,20). Y «sabed que yo estoy con vosotros todos los días, hasta el fin del mundo» (28,20). Son estas las últimas palabras del evangelio de Mateo, cuando Jesús se aparece a los discípulos en Galilea, los confirma en la fe y los envía por todo el mundo a anunciar el proyecto del Reino. Él será ya por siempre inseparable compañero de camino y nuestra vida le pertenecerá por entero.

La vida espiritual es el lugar del eterno retorno, de la vuelta a casa, que nos permitirá una y otra vez volver a empezar, a soñar, a confiar, a salir de nosotros mismos, a construir cielos nuevos y tierras nuevas. Basta con que dejemos que Dios siga sembrando.

4

Allí la semilla germina

Integrado en la dinámica orante de un grupo de jóvenes latinoamericanos, tuve que elegir una foto que especialmente me conmoviera, me ayudara a pensar y a rezar. Las fotos eran como frutos amargos de una cultura de muerte, capaces de tocar y de abrir el corazón y de provocar un grito de dolor y de esperanza. La foto elegida por mí fue la de un soldado muerto, anónimo y destruido en mil pedazos, encharcado en su propia sangre. Más allá de la foto impactante está la pregunta sobre el sentido de tanto dolor. ¿Sería la suya una carne destrozada para la vida del mundo?

Sin duda, la realidad oscura que tantas veces nos envuelve es causa de sufrimiento y de duda, de incertidumbre y de temor, pero la realidad, mirada con ojos compasivos, nos saca de nuestra zona de confort y nos abre a la necesidad de orar y de provocar una auténtica sanación. El evangelio nos muestra hasta la saciedad el valor de la misericordia, de la mirada compasiva que lleva al samaritano (Lc 10,29-37) a complicarse la vida y a convertir una situación desesperada en un motivo de esperanza. Pero, para que la esperanza germine, se necesita el ejercicio de la compasión y de la solidaridad.

De la vida forma parte la experiencia de la quiebra

Cada vez que nos alejamos y rompemos con Dios, con los hermanos o con la búsqueda sincera del bien, vamos dejando espacio al mal, al deterioro de una humanidad que, a la postre, acaba más pendiente de su parcela personal de bienestar que del proyecto que Dios quiere para todas las personas.

La cultura dominante sigue siendo una sutil elaboración del poder. Es fácil engañar al hombre, vaciar su conciencia, endurecer su corazón y taparle la boca. Creer se vuelve difícil cuando el ser humano se cree eterno y dueño del tiempo y del mundo, cuando prevalecen los criterios economicistas y la afirmación del propio ego manda sobre la dignidad humana. Más fácil resulta vivir en la mentira y en la incertidumbre, instalarse en la duda y en el relativismo y acostumbrarse a lamer las propias heridas.

Y, sin embargo, a pesar del brillo de las luces led que hacen de Las Vegas o de Qatar auténticas islas de una abundancia insultante e inaccesible para la inmensa mayoría de habitantes del planeta, todo tiende a la muerte, algo difícil de aceptar cuando se vive del cuento de la eterna juventud. El choque con el envejecimiento y la muerte se vuelve para muchos una experiencia insoportable, más difícil de aceptar cuando se vive inmerso en la abundancia del dinero y del poder. ¿Qué puede ofrecer un cristiano cuando la tramoya se derrumba y aquello a lo que un día nos aferramos –el cuerpo espléndido o el dinero fácil– se vuelve irrelevante? Puede que, humanos como somos, no podamos ofrecer demasiado, pero sí anunciar con convicción la certeza de que, en medio de las quiebras de la vida y de la oscuridad de la muerte, prevalece la obra creadora de Dios y su misericordia entrañable. En los momentos de oscuridad, el plan de Dios sigue intacto. En él encontraremos el signo y el impulso de vida que nos dé confianza y fortaleza y, al mismo tiempo, nos abra a la conversión y al encuentro definitivo. Una experiencia semejante solo puede vivirse cultivando la espiritualidad, promoviendo la vida interior y abriéndonos a la gracia. Quizá hoy, en este tiempo de idolatrías nuevas y antiguas, buscar y encontrar el sentido de la vida, más allá de lo aparente, resulte más necesario que nunca.

Pienso en tantos hombres y mujeres quebrados, secuestrados por el consumo, el hedonismo o la indiferencia ante las necesidades de los pobres. Pienso en el tiempo vacío que consumimos como si fuéramos sus dueños absolutos. Pienso en los cayucos hundidos en el Mediterráneo y en el Atlántico, en los miles de emigrantes, hartos de hambre y de violencia, que, a pesar del miedo, apuestan por el sueño de una vida mejor. Pienso en los miles de niños sacrificados en Palestina al dios Moloch de las infinitas guerras que asolan el planeta. Pienso en la multitud de víctimas de abusos sexuales, de conciencia o de poder, marcados a fuego en su corazón de víctimas. Pienso en la destrucción inmisericorde de la casa común, en la tierra devastada por la codicia humana. Y pienso en el secuestro de la dignidad de tantas personas botadas y abandonadas en las periferias del mundo… Pienso, rezo y sufro viendo el dolor humano y mi propia incapacidad para transformarlo en vida digna y feliz.

Las quiebras de la vida se convierten en un terreno no siempre fértil en el que Dios, con infinita paciencia, sigue sembrando. Si algo nos ofrece la espiritualidad, es la posibilidad de desbrozar un camino, de encontrar una salida en el laberinto en el que, quizá sin quererlo, nos hemos metido. Dejar las heridas al descubierto es inevitable, pero algo más se necesita para que la semilla germine: la humilde experiencia del encuentro con aquel que puede acariciar y sanar nuestras heridas.

En cierta ocasión, una mujer, emprendedora y propositiva, se sorprendió cuando le dije que comenzar a amar era comenzar a sufrir. Pasados los años, la vida le enseñó que ambas cosas eran con frecuencia inevitables y compatibles, que el amor podía hacernos resistentes, neutralizar el dolor e, incluso, darle sentido. La vida espiritual nos obliga, una y otra vez, a abrir ventanas a la esperanza, a volver al centro del corazón y a recuperar la paz. Puede que el deseo de estar bien nos juegue alguna mala pasada y nos aleje de la entrega de la vida, de la paciencia y de la paz, pero volver allí donde Jesús habita nos ayudará a convertir las quiebras en oportunidades.

DE LA VIDA FORMA PARTE LA EXPERIENCIA DEL ENCUENTRO

Puede que en la vida necesitemos un cierto grado de estoicismo. No en el sentido de suprimir o de ocultar nuestras emociones, sino de reconocerlas y de dar sentido a nuestra propia vida mientras transitamos por el mundo. Hacer un camino de crecimiento personal siempre requerirá una cierta dosis de paciencia y de esfuerzo. Pero aceptar los límites personales y del mundo que nos envuelve no es suficiente, necesitamos algo más: cultivar la alteridad y el encuentro y vernos reflejados o cuestionados por la vida del otro, de cuantos caminan con nosotros, especialmente de aquellos a los que amamos y nos aman, de cuantos buscan nuestro bien y comparten un proyecto común. Más allá de las ideas compartidas está la fuerza de la mirada y de la palabra. El P. Pedro Arrupe solía decir: «Una mirada tuya bastará para cambiarme». El evangelio también lo expresa de forma radical y bella: «Una sola palabra tuya bastará para sanarme».

En el encuentro con Jesús, la relación, la mirada, la palabra, el compartir la mesa y el camino, el seguimiento, el discipulado, la amistad, la confianza, van tejiendo una red de comunión y de intimidad excepcionales, no en la superficie de la vida, sino en el fondo del corazón. El encuentro puede surgir como un relámpago en la noche, como un fogonazo capaz de remover las entrañas. Pero el Evangelio, lo mismo que las más hondas experiencias humanas de amistad, nos muestra el valor imprescindible de hacer juntos un proceso de confianza que, poco a poco, se va haciendo entrañable y liberador. Para que la semilla germine se necesita tiempo, experiencia y una permanente capacidad de conversión.

El seguimiento ilumina las crisis inevitables de realismo que acompañan el crecimiento. En la vida pastoral he conocido a mucha gente que ha tenido que bajar de la peana del propio ego, del protagonismo aparentemente imprescindible o de la buena imagen que todo lo cuadra o encubre. Gente que ha tenido que contemplar el derrumbe de sus proyectos o la poca consistencia de sus sueños. Fácilmente nos olvidamos de que, para que la semilla germine, tiene que crecer desde abajo, en el silencio de cada día, en el paso a paso de la fidelidad y de la cercanía.

De la mano del apóstol Pedro descubrimos el abismo que hay entre el sueño y el límite, entre las promesas de amor y la entrega de la vida. De Pedro, a la luz de sus palabras y de sus promesas de amor, cabría esperar mucho más. Y, sin embargo, más allá de las palabras apasionadas, los relatos de la pasión quedan salpicados por el miedo y la deslealtad. Atrás queda la primera llamada, el abandono de las redes y de los enredos, la vieja codicia de querer ser el primero. Frente al Jesús pascual, Pedro tendrá que responder a una segunda llamada más nítida y exigente: «¿Me amas más que estos? [...] ¿me amas? [...] ¿me quieres?» (Jn 21,15ss). El amor apasionado siempre estará presente en la vida de Pedro, pero, a la luz de las llagas gloriosas, Jesús será ya para siempre el centro de su vida y, por fin, las palabras –«Tú lo sabes todo, tú sabes que te quiero»– serán verdaderas y definitivas. Pedro se convierte así en un referente para cualquier discípulo que quiera seguir a Jesús de cerca. La semilla germina cuando el corazón se abre y se entrega la vida. Solo entonces estaremos dispuestos a hacer un camino de conversión permanente, entre el dolor del pecado y el gozo de la misericordia. Son procesos que se dan no en la superficie de la vida, sino en el fondo del corazón, allí donde Dios habita y remueve las entrañas, donde es posible sobrellevar con amor y con libertad las cruces que la vida nos impone.

De la vida forma parte el cuidado de la condición humana

El creyente sabe que cargar con la cruz forma parte del seguimiento y del crecimiento en la fe. Muchas decisiones y proyectos vocacionales quedan truncados cuando la dificultad, el miedo o la decepción ponen plomo en nuestras alas... Para que la semilla germine son necesarios algunos cuidados:

– *No separarse del Señor Jesús* y, por tanto, cuidar la intimidad con él. Los apóstoles no siempre comprenden el proyecto del Reino y la novedad del anuncio. Pero hay algo que sostiene la esperanza más allá de la ambición tantas veces frustrada. Ese algo más es el amor a la persona de Jesús, la convicción de que el pastor nunca abandonará a sus ovejas. Cuando, a la luz de la Pascua, los apóstoles recuerden las palabras y los gestos, comprenderán... y quedarán capacitados para unir su sangre a la del Siervo y ser ya para siempre sus testigos.

A Jesús hay que dedicarle el tiempo necesario. *Cada día,* con la constancia inexplicable del enamorado, amparados en su presencia, en la meditación de su Palabra y en el silencio. Como el grano de trigo caído en tierra que, sin saber cómo, da fruto abundante. El desafío que supone cultivar la vida interior nos llevará a buscar la intimidad con Dios a diario. Y todo para poder ser lo que queremos ser.

– *La actitud paciente y confiada* crece cuando el corazón protagoniza los encuentros y, muy especialmente, el encuentro con el Padre Dios. En la Biblia, el corazón es sinónimo de la persona entera. De su abundancia habla la boca, por eso el corazón será siempre el centinela de nuestro tesoro. Poner en las manos de Dios nuestra capacidad de amar y de hacer el bien nos ayudará a cuidar el camino del crecimiento espiritual, a vivir con esperanza y a sembrar la paz en el corazón del hermano. Orar con el corazón alimentará siempre nuestra confianza en Dios y nos ayudará a amar el mundo y su historia, a separar el trigo de la cizaña, a darnos una nueva oportunidad, aunque la semilla caiga en pedregal.

Siempre me he sentido atraído por la figura de santo Tomás Moro. Hasta el último momento, previo a su ejecución, se sintió amorosamente sostenido por el amor de Dios. De ahí su confianza y su capacidad para afrontar la adversidad y serenar la vida de su familia. En una carta dirigida a Margaret Roper decía:

Dios nos conceda a ambos la gracia de desconfiar de nosotros mismos y por entero depender de y tender hacia la esperanza y la fortaleza de Dios. Si traemos a la mente los muchos beneficios que hemos recibido y se los agradecemos a menudo, encontraremos muchas razones que nos darán la esperanza de que su misericordia infinita nunca se apartará de nosotros.

Puede que no todo haya sido maravilloso en nuestra vida y que, más de una vez, nos toque repetir con el Salmo 55: «Anota en tu libro mi vida errante, recoge mis lágrimas en tu odre». Orar con el corazón y mantener vivo el encuentro con Dios nos ayudará a recomenzar y seguir confiando en él. Los buenos propósitos duran poco, algo habrá que hacer con ellos. La confianza nos hará lúcidos y capaces de redimir nuestros pecados con los propósitos que nacen del amor probado.

– Elemento fundamental del cuidado es *romper el cerco de la soledad mala,* en la que uno se encierra ensimismado y autosuficiente, ajeno a la vida y al dolor de los hermanos. La vida espiritual germina y crece en el espacio privilegiado de la comunidad que acoge y acompaña. La palabra «fraternidad», que en un tiempo no muy lejano expresaba las más hondas inquietudes de nuestra renovación personal y comunitaria, se ha vuelto por arte del individualismo reinante en algo sospechoso o poco atractivo. Hoy, el corazón humano está devorado por el celo del bienestar personal, de la libertad individual, de la satisfacción inmediata de todos los deseos.

Toca sacar músculo y remar a contracorriente. La vida espiritual no nos aleja de los demás. Al contrario. Puede que el amor de los hermanos y de los amigos sea limitado y que muchas veces nos haga sufrir. Puede que pensemos que compartir la vida no merece la pena y que, en el fondo, es algo limitante que castra nuestros sueños. La madurez espiritual nos revelará la verdad, no siempre fácil de comprender: el amor verdadero, capaz de iluminar la vida, es siempre el amor entregado.

Es triste decirlo, pero el hombre solitario, incapaz de compartir la vida más allá del ámbito de la satisfacción personal, está llamado al fracaso, a la quiebra de lo humano y, con más razón, a la ausencia de la fe tal como en el evangelio se plantea. Embarcarnos en semejante nihilismo espiritual resulta muy amenazante y peligroso. No solo para nuestras comunidades, sino también para un mundo sometido a los intereses del poder o del mercado. En vez de doblar la cerviz y acomodar la conciencia ante una cultura tan individualista, tendríamos que proclamar el valor del compartir, de la comunión, del hacer juntos un camino sinodal y fraterno. Las dimensiones humanistas, espirituales y creyentes de la condición humana necesitan para crecer y desarrollarse el fértil humus de la comunidad: orar, caminar, discernir y celebrar juntos la vida y la fe. Puede que entonces las palabras de Jesús «que sean uno como nosotros somos uno» (cf. Jn 17,20-26) se conviertan en la garantía de un mundo mejor para todos.

Difícil resulta anunciar la importancia de la comunión sin experiencia de unidad, sin anclar la disponibilidad y la entrega en la relación personal con Jesús y con los hermanos. Conviene que nuestros ojos descansen en la persona de Pablo, apóstol de los gentiles. Él no se reservó el anuncio del Evangelio para su propio pueblo, sino que recorrió los caminos de la *oikoumene* convirtiéndose en modelo de unidad y de apertura, dando vida a las palabras de Jesús, afrontando las divisiones en el interior de las comunidades y ubicándose con valentía en medio de un mundo plural y diferente. Pablo sufrió múltiples dificultades y pruebas, pero siempre las vivió como un filtro de Dios a fin de iluminar la propia entrega.

Especialmente, en estos tiempos en los que la dignidad infinita del hombre queda socavada cultural y legalmente, el cuidado de la condición humana se vuelve más exigente y decisivo.

– *Compartir el camino con los pobres* será siempre una de las claves del cuidado. En el evangelio, quien se aleja de los pobres se aleja de Dios. Para identificar y definir el proyecto de Jesús es necesario comprender que el Reino, la fuerza y el poder es la misericordia. Cuando llega el Reino, llega la misericordia. Cuando Jesús llega a nuestras vidas, comprendemos el propósito del Padre y cuál es el encargo recibido: que todos seamos uno, familia de hijos y de hermanos, que el mundo sea una casa humanamente habitable, casa y mesa compartidas. En medio de un mundo dividido y enfrentado resuenan las palabras del Maestro: «¿Quiénes son mi madre y mis hermanos?» (cf. Mc 3,31-35). Somos todos nosotros quienes, más allá de nuestras diferencias, nos hemos reunido en su nombre.

Bien está. Pero hay que decir algo más: los pobres ocupan el primer lugar en la casa y en la mesa. Ellos son los destinatarios privilegiados del amor del Hijo. De hecho, todos somos destinatarios de su amor en la medida en que nos hacemos pequeños y nos dejamos amar por el Padre Dios. Solo entonces entraremos en el Reino y la fraternidad será algo más que una palabra lanzada al viento. El Reino tiene ese poder de desestabilizarnos de nuestra soberbia, de nuestra prepotencia y autorreferencialidad. También de la codicia y de la violencia que oprimen gran parte de nuestro corazón. Nos hace comprender que no solo estamos llamados a ser familia de hijos y de hermanos en torno a un mismo Padre, sino a construir un mundo nuevo, una nueva tierra en la que habite la justicia y reine la paz. Semejante proceso de liberación solo puede hacerse compartiendo el camino con los vulnerables de este mundo, con las víctimas descartadas y abandonadas a su suerte.

La siembra que Jesús hace crece desde abajo, cuidando lo pequeño y a los pequeños, sin demasiadas pretensiones, humildemente, tratando de descubrir la presencia de Dios en los pequeños signos de la solidaridad. Las palabras de Jesús nos acompañarán por siempre si realmente queremos recibir el Reino en herencia. Serán una provocación y, al mismo tiempo, nos recordarán el sentido profundo de la vida. En los momentos preciosos del encuentro con Dios, cuando nos despojamos de todo aquello que nos aleja de él, conviene tomar conciencia de la perspectiva fundamental de nuestra vida: el juicio de la misericordia. No es extraño que el Señor ubique sus palabras en la perspectiva del encuentro definitivo. En él Dios atravesará nuestro interior con su mirada y nos juzgará sobre el amor. «El corazón es lo más retorcido; no tiene arreglo; ¿quién lo conoce? Yo, el Señor, exploro el corazón [...] para dar a cada cual según su camino» (Jr 17,9-10).

¿Cómo cribará el Señor nuestros corazones? Dios busca el amor gratuito. Ojalá que su claridad nos iluminara siempre: «Cada vez que lo hicisteis con uno de estos, mis hermanos más pequeños, conmigo lo hicisteis» (Mt 25,40). Cuando servimos al hambriento, al forastero, al enfermo, al prisionero..., descubrimos el rostro del Dios encarnado.

A lo largo de la vida no faltan experiencias de dolor. Y muchas veces, especialmente durante los años vividos en América Latina, me he preguntado el porqué del sufrimiento, del duro peso que los pobres cargan sobre sus hombros. Es la dura pregunta que siempre acompaña la vida de un cristiano. Seguramente, nunca encontraremos una respuesta satisfactoria. Pero la fe que habita en nuestro interior nos dice que Dios es el único sentido posible de quien sufre un dolor insensato.

5

La espiritualidad del cuidado

Crecer en la vida espiritual siempre fue un desafío para las personas creyentes y para aquellas que no lo son. Lo que está en juego no es solo la fe, sino el sentido humanista de la vida y de la historia. Cuando un cristiano defiende la dignidad, los valores y los derechos humanos, está promoviendo la obra creadora de Dios, su proyecto de justicia, de amor y de fraternidad. Especialmente en los tiempos que corren, en medio de un mundo quebrado y sometido a los intereses de la mundanidad y del poder. El drama de la pobreza, la ausencia de la paz, las guerras que salpican de sangre el mundo, la trata de personas, los abusos sexuales, la violencia contra las mujeres, el descarte de las personas con discapacidad, los emigrantes que mueren en las fronteras de Europa, las minorías étnicas olvidadas y silenciadas, la tierra maltratada y esquilmada, la incertidumbre que los jóvenes experimentan ante el futuro..., son algunas violaciones graves de la dignidad que ensombrecen el horizonte de la humanidad.

Las palabras de Jesús en la oración sacerdotal: «Cuando estaba yo con ellos, cuidaba en tu nombre a los que me habías dado. He velado por ellos y ninguno se ha perdido» (Jn 17,12), tienen para nosotros una gran actualidad. Nos sentimos profundamente necesitados de que Dios nos cuide. Conscientes de nuestra fragilidad, nos toca confiar en él y unirnos a su plegaria: «No te pido que los retires del mundo, sino que los protejas del Maligno» (17,15). También a nosotros nos corresponde cuidar a nuestros hermanos. El mundo y la precariedad del ser humano es nuestro lugar. El lugar del cuidado y, al mismo tiempo, el lugar del riesgo. La fe siempre nos ubicará al lado del hombre herido y nos complicará la vida.

Sacar adelante nuestra condición humana y el proyecto de Dios nos exige un mayor desarrollo de la espiritualidad. Sin ella, el mundo se seca y todo queda sometido a un materialismo desalmado, alimentado por los intereses del mercado, del dinero y del poder. Puede que la adversidad, también en la realidad eclesial, nos venza el ánimo y acabemos normalizando la desesperanza y viviendo a la defensiva. El problema más importante no es la reducción numérica, siempre relativa, que la Iglesia experimenta en el mundo autosuficiente del bienestar, sino el reduccionismo de la confianza en Dios y en la dignidad de todos los habitantes del planeta, el miedo a la soledad y al fracaso y, en definitiva, la primacía de una vida plana cuyo único horizonte es la muerte. En el tema de la vida espiritual se nos está pidiendo una paciencia activa, una mayor lucidez y, ciertamente, un mayor compromiso.

Cuidar lo que se ama

Sostener la esperanza, afirmar la dignidad humana y confiar en Dios nos exige cuidar la vida espiritual. Los viejos maestros nos hacían escribir o repetir mil veces determinadas palabras y definiciones a fin de que las memorizásemos. Con frecuencia pienso que el verbo «cuidar» tendría que ser como un mantra repetido e interiorizado que nos recordara la importancia de pensar y de estar atentos y solícitos a favor de todo lo que creemos y amamos, empezando por nosotros mismos. Lo cierto es que lo que no se cuida se desbarata y, finalmente, se pierde. Insisto en el tema del cuidado y no simplemente de permanecer en la casa o en la institución. Puede que muchos permanezcan en la casa, pero que, como el hijo mayor de la parábola, sean incapaces de comprender el amor misericordioso del padre. Es triste contemplar cómo muchas personas se van incapacitando poco a poco para la vida interior. Semejante deterioro no surge de la noche a la mañana. Más bien es la consecuencia del abandono, del pacto latente que vamos haciendo con formas de vida que nos alejan del Evangelio, de los hermanos y de los pobres. La cultura dominante no es solo un gran desafío para la fe o para el cultivo de la espiritualidad, sino para la misma capacidad de creer. Así pienso cuando observo la condición humana y, en particular, a los jóvenes sumergidos en el inmenso mar de la indiferencia.

La espiritualidad del cuidado nos está pidiendo algunas cosas, puede que no todas con la misma insistencia o intensidad. Cada uno siempre tendrá que delimitar su propio campo. Valgan como sugerencia:

– *El cuidado de la fe.* Desde el Concilio hemos escrito miles de páginas sobre las crisis de la Iglesia, del ministerio presbiteral, de la vida consagrada, de la participación y el compromiso de los laicos... A partir de entonces, a lo largo del posconcilio, la Iglesia tuvo que aprender a convivir con un fortísimo proceso de secularización y aprender a relativizar muchas de sus tradiciones seculares. A pesar de la belleza de *Gaudium et spes,* la relación Iglesia-mundo –sobre todo en Europa y en el mundo desarrollado– no resultó nada fácil. De la secularización hemos pasado a la cultura de la ausencia de Dios y, consecuentemente, a la indiferencia, incluso a la tibieza de muchos cristianos. Puede que nunca hayamos estudiado tanta teología, pero saber no es sinónimo de tener experiencia de Dios.

Sin duda, en los últimos años, el abuso de menores ha exacerbado el sentimiento de crisis y de naufragio. El dramatismo del tema nos ha llevado al desconcierto y a la desconfianza en el futuro de una institución en la que los lobos acariciaban a los corderos. Sin duda, la desconfianza y la pérdida de autoridad moral han resultado enormes.

Sin embargo, la crisis eclesial no ha sido la más decisiva. La crisis más honda ha sido, y sigue siendo, la crisis de la fe, la dificultad que el hombre moderno-posmoderno tiene para creer, para relacionarse con la imagen de Dios que nos transmitieron nuestros mayores, no siempre acorde con la radicalidad del mismo Evangelio. El tema sigue teniendo actualidad hoy para nosotros. También nosotros tenemos que plantearnos qué imagen de Dios albergamos en el corazón y proyectamos a nuestro alrededor. En función de ello transmitiremos la imagen de un Dios duro que juzga y castiga, al que hay que aplacar, o la imagen de un Dios compasivo que sabe esperar al hijo, abrazarlo y perdonarlo. Enmanuel es el «Dios con nosotros» que nos acompaña hasta el final.

Tendemos a pensar que la crisis de fe o la indiferencia están extramuros de nuestras comunidades e instituciones. Pero es en el interior de la Iglesia donde el fenómeno se vuelve más preocupante. Piénsese en el citado tema de los abusos (sexuales o de poder). Durante años han ido dejando al descubierto, más allá del delito o de la quiebra moral, la fragilidad de la vida, la debilidad de la fe y la tentación siempre presente de encubrir la propia miseria. Las dificultades no anulan la acción del Espíritu en su Iglesia. Siempre me ha conmovido el espíritu resistente y testimonial de Dietrich Bonhoeffer y de su Iglesia confesante en medio de la barbarie del nazismo. Eric Voegelin, en su libro *Hitler y los alemanes*[1], señala con claridad el compromiso con la verdad de Bonhoeffer, su solidaridad con las víctimas del nuevo orden social y el alto precio que tuvo que pagar. Y me conmueve también la santidad de vida de muchas personas, comunidades y movimientos que hoy tratan de volver a la raíz del Evangelio y de vivir, como los cristianos de las primeras generaciones, de la mano de Jesús, fieles en su fe y apasionados por el Reino.

Hoy, como ayer, la fe profunda y liberadora, capaz de transformar la vida, solo es posible desde el encuentro y la intimidad con Jesús. Solo el amor hará posible su presencia. Quizá por eso la madurez de la fe llegó a mi vida cuando me injerté en la preciosa tradición de Adsis y alguien me llevó de la mano a tocar la experiencia del Dios presente. Para muchos hermanos fue una experiencia fantástica y humilde, pues solo Dios sabe de qué barro estamos hechos. Hoy, que necesariamente voy cerrando el círculo de mi vida, me doy cuenta de que en el seguimiento de Jesús siempre seré, como me recordaba el P. Tescaroli, un aprendiz. La

---

[1] Madrid, Trotta, 2024, pp. 18 y 150.

pregunta que el Señor dirige a Pedro: «¿Me amas?» (cf. Jn 21,15-25), se repite una y otra vez en mi interior.

– *No perderse en la fragmentación* de valores (o antivalores), ideologías y ofertas que hoy nutren el poliédrico mundo de la cultura dominante. Quien define el alma humana no es la ideología, el tener o el saber, sino la dignidad de la persona, su capacidad de amar y de cuidar el mundo que Dios puso en sus manos. Solo así se entienden las duras palabras de los profetas, de cuantos, ayer y hoy, trabajan a favor del Reino, de la construcción de un mundo más digno, libre y solidario. Palabras como las de Isaías resultan especialmente inquietantes: «Ay de los que establecen decretos inicuos y publican prescripciones vejatorias para oprimir a los pobres en el juicio y privar de su derecho a los humildes de mi pueblo» (Is 10,1-2).

Jesús vive inmerso en un mundo fragmentado en el que, tal como hoy, era necesario someterse a lo políticamente correcto. Pero Jesús nunca perdió el horizonte de su ministerio. Sus destinatarios preferentes fueron los pobres, cuantos vivían en los márgenes de la sociedad y, con su dolor, tejían la trama de la misericordia: enfermos, huérfanos, viudas, prostitutas, samaritanos y excluidos…, todos los degradados por el poder y maltratados por la vida. Jesús los cuida con entrañas de pastor bueno y se identifica con todos ellos, hasta el punto de decir: «Cada vez que lo hicisteis con uno de estos, mis hermanos más pequeños, conmigo lo hicisteis» (Mt 25,40).

La vida nos va imponiendo múltiples preocupaciones y urgencias que nos distraen de lo fundamental, pero la vida espiritual siempre nos centrará en lo esencial de la fe y del seguimiento: en la dignidad de la persona y en la misericordia de Dios.

– *El cuidado de la mirada compasiva.* Para contemplar el dolor y reconocerlo como algo propio se necesita una mirada amorosa que nos permita asumir la suerte del otro y ponernos en su lugar. En el proyecto de Dios, manifestado en Jesús, está implícita la voluntad de cambiar todo lo que es contrario a la dignidad humana. Jesús se conmueve ante el dolor y ejerce una mirada compasiva que llega al corazón. Es la mirada que Jesús traslada al buen samaritano (Lc 10,29-37), la mirada que pone en funcionamiento la pedagogía de Dios. Para acercarse, curar las heridas y cargar con el hermano herido, antes hay que ejercer la misericordia como sentimiento y como convicción. Mirar al otro, acercarse a él, es la manera de darle importancia, de poner en marcha el dinamismo del corazón. Quien se acostumbra a la compasión acaba ejerciendo una mirada integradora e inclusiva que siempre le llevará a compartir la vida y a descubrir la presencia de Jesús entre nosotros. Es la mirada que san Juan de la Cruz echaba de menos en su *Cántico espiritual:* «Los ojos deseados que tengo en mis entrañas dibujados». Es la nostalgia que todos experimentamos cuando sentimos la necesidad de amar y de ser amados.

La mirada compasiva no siempre es fácil, muchas veces queda enturbiada por la sospecha o el miedo a ser engañados. Ponerse en el lugar del otro y defender su dignidad no siempre trae consecuencias amables. Surgen la desconfianza, el malestar, el sentimiento de hartura, el agravio comparativo, el miedo a la crítica y a la descalificación, el temor a pagar un alto precio por invadir el predio ajeno... Y, sin embargo, a pesar de nuestras resistencias, el Espíritu Santo nos impulsará a mirar la realidad entera con los ojos de Dios, a la manera de Jesús.

La contemplación del otro, de las heridas del mundo, nos impulsarán a la oración, al encuentro con el Dios misericordioso y a transmitir su misericordia a todos nuestros hermanos. Ser capaces de avanzar por este camino se convierte en el gran signo de nuestro crecimiento espiritual. Semejante aprendizaje tendremos también que aplicarlo a nosotros mismos. Conforme pasan los años acumulamos una mayor experiencia y vamos recuperando nuestra condición de hijos pequeños, necesitados de la ternura de Dios. Compasión y filiación nos ayudan a encontrar el tesoro escondido.

No hace mucho visité a un viejo sacerdote que, en su día, abrió puertas y ventanas en mi corazón. Eran tiempos difíciles en que había que pasar del yo al nosotros y, juntos, caminar en la dirección del Reino. A pesar de tantos méritos acumulados a lo largo de la vida, el pobre viejo se iba apagando sin relieve ni ruido, pero su sabiduría estaba intacta, lo mismo que mi amor por él. Cuando me despedí, retuvo mi mano y me dijo: *Ancora debo imparare ad essere figiuolo.* Ser hijo, hijito, hasta el final, siempre será una asignatura pendiente.

– *Salir de nosotros mismos al encuentro de nuestros hermanos* será el mejor antídoto frente a una mundanidad individualista que tiende a encerrarnos en nosotros mismos y a instalarnos en la autorreferencialidad. Cuando esto ocurre, el mundo pastoral se achica y la oblatividad de nuestra entrega disminuye. Fácilmente nos contentamos con un servicio funcional que no nos complique demasiado la vida. La comunicación de la fe, del amor y de la misión van perdiendo profundidad y transparencia. Nos basta con vivir pendientes de nosotros mismos y de nuestro entorno inmediato. Resulta chocante que, en el mundo de las redes sociales, de Internet y de la inteligencia artificial, la comunicación de la vida sea un bien escaso. Y, sin embargo, la alteridad siempre ha sido una de las grandes referencias del personalismo cristiano. Lo ha sido porque en el Evangelio y en la espiritualidad cristiana a lo largo de los siglos el servicio a los hermanos siempre fue la medida de la fe y el criterio de verificación de infinidad de dones y de carismas que el Espíritu Santo regaló a su Iglesia.

Cuando el papa Francisco habla de una «Iglesia en salida», nos está invitando, en primer lugar, a salir de nosotros mismos al encuentro del Otro y de los otros, a salir de nuestros intereses, de todo aquello que nos encierra dentro de los límites de la seguridad, la comodidad o el bienestar.

– En el evangelio se nos insiste en *el espíritu de la vigilancia*. Pensando en la importancia de la vigilancia espiritual, Jesús nos dirige tres veces una exhortación sencilla y directa: «*Estad vigilantes*» (Mc 13,33-37). También Lucas (12,35-37) llamará dichosos a los siervos a los que el señor, al venir, encuentra despiertos. Lo que se plantea es el sentido de la vigilancia cristiana, no una vigilancia marcada por el miedo, el cansancio o la excesiva seguridad en uno mismo, es decir, por el orgullo malo, sino por el anhelo de salir al encuentro del Señor. El hombre puede huir de sus responsabilidades o, simplemente, dormirse en ellas. En Getsemaní, Jesús asume su destino, se entrega al Padre y suda sangre mientras los discípulos duermen.

Vigilar es sinónimo de prepararnos para acoger, escuchar, transmitir y mantenernos firmes en la fe y en la prueba. Es estar con el corazón preparado para orar y apoyar al Maestro cuando llega la hora de su verdad y de nuestra propia verdad. Vigilar es ser centinelas del bien de nuestros hermanos, de las heridas de los pobres y de sus necesidades. Es cultivar la espera sin distraernos con cosas inútiles, impacientes por encontrar a Jesús en todos los sufrientes.

Por eso la vigilancia es un signo de sabiduría que cualifica la espiritualidad del cuidado. Si vivimos vigilantes, atentos y lúcidos, aprenderemos a ver a Dios presente en la vida de los hombres, por muy necesitados que estén de amor y de esperanza. En los momentos duros, cuando Judas es capaz de matar al Maestro con un beso, aprenderemos a reconocer la cercanía de Dios y la fuerza de la fe. Así le pasó a Oscar Wilde, preso por su condición homosexual. En su *Balada desde la cárcel de Reading* nos recordó que a un hombre se le puede matar de muchas maneras, también con un beso.

– *El protagonismo del corazón* ensancha nuestra mirada y nos permite ver la realidad con los ojos de Dios. ¿Qué hizo Jesús durante treinta y tres años? Sin duda, de la mano de su familia y de su pueblo, observó la condición humana y, especialmente en el tiempo de la vida pública, trató de llegar al corazón. El evangelio es pródigo en sus referencias al corazón, a ese fondo de verdad en el que Dios habita. Amor y verdad no pueden nunca disociarse, pues amar quiere decir esencialmente amar en la verdad. Eso significa «amar de corazón». El corazón ampara el cuidado y lo hace auténtico y entrañable.

El crecimiento en la vida espiritual nos lleva a la necesidad de crecer en el amor y en la verdad, en la pasión por ser más auténticos, más fraternos y solidarios. No es algo que puedan hacer los demás por nosotros. Es algo propio, aunque la madurez siempre dependa del otro y pase por el filtro de una alteridad que hoy fácilmente se rompe o se diluye. Cada uno tendrá que preguntarse sobre su propia historia y sobre lo que Dios quiere de él y para él. Con Dios siempre nos encontraremos en el fondo del corazón, allí donde el hombre ama en la verdad y consiente que la verdad lo haga libre. Cuando Jesús dice: «La verdad os hará libres» (Jn 8,32), nos está mostrando el camino de la liberación. En Jn 14,6 dirá algo que toca su propia identidad: «Yo soy el camino, la verdad y la vida», y los discípulos comprenderán que la verdad es él. Pablo insistirá en que Jesús nos hace libres si ponemos nuestra confianza en él (cf. Rom 1,16). De eso se trata. En la medida en que Jesús está presente en nuestros corazones, tanto nosotros como las personas que arropan nuestra vida y los destinatarios de nuestro compromiso, trataremos de hacer siempre el bien, de cuidarnos y de cuidar a los hermanos.

Es el corazón el que ejerce la mirada compasiva, el que es capaz de descubrir la intención amorosa de las personas, el que capta la bondad de las intenciones, el que promueve la necesidad de pedir perdón y de perdonar. Por ello hay que estar atentos y vigilantes. Más allá de las circunstancias que nos rodean, el protagonismo del corazón es un tema de conversión interior, que necesita confianza, humildad y lucidez y, sin duda, bastante paciencia. Arturo Paoli, el viejo maestro de vida espiritual, hablando de las dificultades y contradicciones que acompañan nuestra vida, incluso de los rechazos que nos atormentan, decía:

> Muchas veces, la única verificación que resta es una esperanza, un sueño, una vigorosa fuerza humana que es lo opuesto a la frustración. «En la casa en que entréis, decid primero: "Paz a esta casa". Y si hubiere allí un hijo de paz, vuestra paz reposará sobre él; si no, volverá a vosotros» (Lc 10,5-6). He aquí una anotación valiosa: «La paz volverá a vosotros». Es posible que nos reciban o que nos rechacen, pero no saldremos destruidos, sino, antes bien, enriquecidos y edificados en la paz [2].

Cuando la fe pasa por el filtro del corazón y este vive en paz, la vida espiritual se convierte en un motivo de armonía y de serenidad.

– «Tú sabes que te amo» es una profunda declaración de amor de Pedro hacia Jesús. Y, al mismo tiempo, es un humilde acto de fe, de reconocimiento de la propia debilidad y de lealtad con el Maestro. Era urgente recuperar el amor confiado y mutuo. El precioso texto de Juan (21,15-17) es también una oración, una

---

[2] A. Paoli, *Diálogo de la liberación*. Buenos Aires, Carlos Lohlé, 1970, p. 79.

confesión correspondida. Pareciera que Jesús está a la espera, atento a las palabras y a los gestos de Pedro. No cantará un gallo, pero habrá nuevamente una tercera vez. El corazón sabe que no está solo ni abandonado. La experiencia de amar y de ser amado, más allá de la negación y de la mirada esquiva, hace que el rencuentro sea posible y la intimidad se recomponga.

La vida espiritual se alimenta de esta certeza: del amor que el Padre nos tiene por nuestra condición de hijos. Puede que, como el pródigo, más de una vez, también nosotros hayamos vuelto a sus brazos por alguna que otra hambruna de sentido y de esperanza. Puede que nos haya movido el dolor, el desencanto o el vacío del corazón. La condición humana se vuelve con frecuencia un experimento fallido, sobre todo cuando se pierden el amor y la dignidad. En uno de esos momentos en los que es preciso recuperar el rumbo y rehacer la vida, alguien que intentaba recoger los pedazos rotos de su vida me dijo: «Como el hijo de la parábola, pequé contra la tierra, contra el cielo y contra Dios. Pero, si pudiera ser abrazado, le diría: "A pesar de todo, confieso que te he amado"». Algo semejante solo se puede decir con contrición de corazón, cuando se presiente la cercanía del Padre y sus dedos acarician las heridas del alma.

Importa el amor de Dios. E importa también el propio amor, ese resto que se arrastra a lo largo del desierto de la vida y que en cualquier momento puede aflorar como un milagro en nuestro propio éxodo. La experiencia de la gracia, del amor gratuito e inesperado, marca nuestro camino y alienta nuestro futuro. Entre ambos amores, el de Dios y el nuestro, podremos alimentar la espiritualidad del Éxodo y cruzar el desierto. A mi regreso de América Latina volví a encontrarme con el hermoso pirograbado que Roberto Fernández Prieto, sacerdote fallecido de Adsis, me transcribió hace ya muchos años.

Salió Abrahán a caminar por el desierto
y no había más que arena.
Caminó muchos días y muchas noches.
Aprendió a mirar lejos, muy lejos.
Sus ojos eran profundos
como la tierra prometida
que estaba al fondo del desierto.
Después del último montículo de arena
se hizo largo su mirar,
como el horizonte.
Sabía pisar la tierra
con la mirada colgada del infinito.
Plantaba cada noche la tienda del futuro
sobre la arena fugitiva del presente.
Y gritaba cada día: «¡Tierra!, ¡tierra!»,
como el navegante del océano perdido.
Y anunciaba día a día lo nuevo
y maldecía lo viejo, lo razonable y honesto.
Caminó Abrahán hasta su muerte

sin saber a dónde iba,
en busca de la tierra prometida.
Y llevaba consigo a cuestas
la tierra prometida.

Pensando en Roberto siempre me asaltó el sentimiento de que él amaba a Dios por encima de todas las cosas y que la aventura de Abrahán era su aventura. Las cosas no le fueron bien: joven, brillante, médico y sacerdote, quedó atrapado en una silla de ruedas por causa de un penoso accidente. Puede que tuviera motivos para reclamarle a Dios por su poca fortuna. Pero a lo largo de los años, hasta su muerte, Roberto transmitía la certeza del «Tú sabes que te amo», y fue para mucha gente, hermanos y amigos, una luz y un motivo de profunda esperanza.

El cuidado de la fraternidad

El evangelio trasluce un especial latido. Todo lo que Jesús dice y hace tiene como objetivo sacar adelante el proyecto del Reino. Sin duda, muchas personas se sintieron decepcionadas, pues el Reino que Jesús anunciaba no era fácilmente comprensible y ni siquiera deseable para cuantos alimentaban una cierta codicia política o económica. Cuando Jesús pronunció el discurso del pan de vida en la sinagoga de Cafarnaún,

Juan nos dice que judíos y discípulos discutían y murmuraban y que, a partir de entonces, fueron muchos los que se alejaron del grupo (Jn 6,66). Desde entonces, el proyecto de fraternidad que atraviesa el evangelio no ha dejado de tener dificultades, incluso entre aquellos que hacen de la vida cristiana su personal proyecto de vida. Es más fácil coincidir en los planteamientos y en las ideas que en el hecho de compartir la vida. La vida fraterna reclama una praxis liberadora que supone purificar muchas de nuestras pretensiones, incluido el afán de protagonismo y de afirmación del propio yo.

Y, sin embargo, a pesar de las dificultades, la fraternidad es el gran signo del proyecto del Reino, del mensaje de Jesús. «Uno solo es vuestro maestro y todos vosotros sois hermanos» (Mt 23,8). Si hermanos somos, tendremos que cuidarnos como hermanos.

– *Poner la fraternidad en el horizonte de la vida* no es solo patrimonio de la fe cristiana. La condición humana es esencialmente fraterna y familiar, plural y diversa, pero única. Resulta chocante que el ser humano sea el mayor depredador del hombre y que, a lo largo de la historia, el viejo *homo homini lupus* –el hombre es un lobo para el hombre– siga teniendo tanta vigencia, hasta el punto de que las actuales guerras y genocidios asolen el planeta. Solo un proyecto de fraternidad universal derribará fronteras y amenazas. Hoy, el emigrante aparece como alguien diferente. En Occidente resulta molesta su acogida. Más que el diferente color de la piel, la cultura o la religión, molesta su pobreza. Así, de un plumazo, opacamos su condición humana y fraterna. Cuando Yahvé pregunta a Caín: «¿Dónde está tu hermano?», no solo se refería a Abel.

Más allá de los intereses de la geopolítica, la fraternidad es socialmente una condición humana de vida. En este mundo intercomunicado en el momento, la soledad no deseada se convierte en un problema acuciante de salud pública. Personas depresivas y vulnerables alimentan infinidad de patologías, convirtiendo la soledad en una situación crónica que apenas consiente soportar el pesado silencio de los días. La ancianidad se ha convertido en el tiempo del silencio, en el que las palabras se rumian, quizá se sueñan, pero no se pronuncian.

Una Iglesia sinodal necesita palabras, sentimientos y gestos. Necesita que la fe, el amor fraterno y el compartir se pronuncien y se proclamen al viento. «Lo que vimos y oímos os lo anunciamos también a vosotros» (1 Jn 1,3). La vida fraterna no solo sigue teniendo sentido, sino que es la condición *sine qua non* para poder vivir la fe del Evangelio y para cohabitar y compartir el mismo mundo. En la fraternidad no todo vale. Solo seremos hermanos desde la escucha, la oración, la contemplación, el cuidado mutuo y la compasión con todos los heridos del mundo. Así vivida, la fraternidad siempre será el gran signo de una Iglesia que acoge y cuida desde la singularidad de cada uno, en una sola familia.

Precisamente por las dificultades que experimentamos para promover la vida comunitaria es preciso subrayar el valor de los tiempos y de los espacios, del compartir y del comunicar, del estar y trabajar juntos, del testimoniar que somos familia, que nos amamos y que sabemos lo que es la lealtad. La vida compartida que muchos cristianos desarrollan en sus parroquias, movimientos y comunidades con formas muy plurales de implicación es hoy uno de los signos del Reino que da hondura y significatividad a la misión y a la tarea pastoral. La vida compartida, la amistad y el cuidado mutuo nos vinculan más allá del servicio que prestamos.

– *De la casa al camino* marca una dialéctica que también está muy presente en el evangelio. Si la espiritualidad del Éxodo está marcada por la itinerancia del pueblo caminante que avanza y se fía para seguir avanzando, la espiritualidad que emana del evangelio tiene en el camino uno de sus más expresivos imaginarios. Ciertamente, el hogar es el lugar donde comienza nuestra historia, donde dejarse decir, corregir o ayudar resulta más fácil, donde experimentamos con mayor evidencia la sinceridad del perdón y del abrazo. También Jesús experimenta su valor, y Nazaret y Betania serán en la vida de Jesús espacios privilegiados de identidad, de aprendizaje y de descanso. Pero la vida pública, la misión, se desenvuelve por los caminos de Galilea.

Sirva como referencia la parábola del banquete nupcial (Mt 22,1-14): «Salid a los cruces de los caminos e invitad a todos los que encontréis» (v. 9). A pesar del fracaso de la convocatoria, Jesús insiste en destacar el universalismo de la salvación: todos están invitados al banquete.

Id e invitad. A pesar de la indiferencia o del rechazo. Si algo aprendemos en el evangelio es la incansable convocatoria que Jesús hace a todas las personas sin dejar espacio al desaliento. Jesús reafirmará la vocación itinerante de los discípulos, sin fronteras ni exclusiones: «Id y haced que todos los pueblos sean discípulos míos» (Mt 28,19).

El banquete está preparado. La parábola nos introduce en el horizonte del banquete definitivo al que estamos llamados. Es la plenitud de una mesa grande, en la que todos tendrán sitio, siendo los pobres los primeros invitados y cuyo anticipo celebramos en la eucaristía. Hoy no faltan banquetes que alimentan la codicia humana, el deseo de poseer y de gozar, de dominar y someter. Frente al poder excluyente, el mundo necesita sentarse a la mesa de la fraternidad, compartir el pan y la esperanza.

En un mundo desgarrado por tensiones y conflictos, *todos están llamados a participar, sin excluir a nadie.* Los siervos reunieron «a todos los que encontraron, malos y buenos» (Mt 22,10), «a los pobres, los lisiados, los ciegos y los paralíticos» (Lc 14,21), que siempre aparecen como los invitados especiales del rey. El papa Francisco insiste en el universalismo de la salvación. Es el camino de una Iglesia misionera, presente en medio de un mundo que rezuma ausencias y promueve relaciones exclusivas. Tristemente, los caminos del mundo se van llenando de personas desechables, acumuladas en los márgenes del bienestar, en los infinitos campos de refugiados y de emigrantes que salpican la geografía del planeta.

La casa y el camino son los espacios privilegiados del encuentro, la comunicación y el proyecto común. La casa, que es hogar de crecimiento, de formación y de sedimentación de los afectos; y el camino, que nos abre a la aventura de definir la vida adulta, de vincularnos y de comprometernos, de definir nuestra identidad y nuestra vocación. Puede que más de una vez nos preguntemos qué sentido tiene lo que estamos haciendo y que nuestras ideas y nuestros sentimientos roben la paz a nuestro corazón; puede que el fracaso nos visite o la vida nos golpee; puede que los sabios de este mundo intenten manipularnos a su antojo… Habrá que volver a la casa, al calor del hogar, al abrazo del padre; y habrá que volver al camino, a desandar el mal andado, a experimentar nuevas lealtades y, en cualquier caso, a tratar de recuperar la identidad y la fraternidad perdidas. No hace mucho, un hermano presbítero me decía: «Tengo cicatrices porque he tenido heridas, pero nada me impide seguir amando». Es algo que puede decirse cuando el silencio y la Palabra son el fuego purificador de las ideas, de los relatos y de los afectos.

6

CRECER AL AMPARO
DE QUIEN NOS AMA

En medio de nuestras luchas cotidianas tenemos que afrontar el desafío de crecer como personas y como creyentes. La imagen de cuantos seguían a Jesús de cerca es la de personas que afrontan su propia verdad. Perdidos en medio del desamparo, el encuentro con Jesús centra su corazón y les consiente de nuevo amar, reconciliarse y reencontrar el sentido de la vida. De hecho, muchos de ellos se incorporarán al grupo de Jesús, convencidos de haber encontrado la verdad, el camino y la vida.

No pocos de nuestros males son consecuencia de profundos desencuentros, de vacíos y alejamientos que se van haciendo insalvables, distanciándonos de nosotros mismos, de los hermanos y del mismo Dios. Necesitamos recuperar el hambre de plenitud que un día nos hizo salir de nuestro pequeño mundo, acortar las distancias, ensanchar el horizonte y descubrir o redescubrir la pasión del seguimiento. Poco a poco avanzamos por caminos insospechados e imprevistos hasta descubrir que nuestro corazón estaba habitado y tenía dueño.

Mantener encendida la llama del primer encuentro, del proceso inicial que marcó la vida, se convierte en una tarea imprescindible. Se necesita cuidar y acrecentar la experiencia del amor primero para poder volver a él cuando el alejamiento se asienta en el corazón. ¿Cómo hacerlo? Siento que no hay otro camino que promover la vida espiritual, centrada en Jesús, en su Palabra, en la eucaristía, en la mesa compartida y en el acercamiento a todos aquellos que necesitan y buscan recorrer con dignidad el camino de la vida, creyentes o no, justos o pecadores, conversos o alejados. Para todos, la aventura interior más importante es explorar el camino de la conciencia y descubrir quién puede habitarla sin prostituirla. Cada uno tiene que hacer su propio viaje interior y dejar que lo que Dios siembra crezca y fructifique.

Es un viaje necesario, especialmente en estos tiempos de fuerte exterioridad y de abundante ruido, capaces de secuestrar nuestra vida espiritual y de mantenernos distraídos y distantes de la verdad. Y, sin embargo, la insatisfacción que inquieta al hombre, y muy especialmente a los jóvenes, es como la brisa suave, capaz de serenar el ánimo y de abrir una ventana a la esperanza. El deseo de la vida espiritual es siempre el primer paso para afrontar cualquier renovación. ¡Difícil resulta ir a la fuente si uno no experimenta el deseo de saciar su sed! Al final, quien busca la voluntad de Dios acabará encontrándose con Jesús como centro de sus miradas y de sus latidos. En el brocal del pozo descubrirá que él es el Agua viva y, como en el caso de la mujer samaritana, puede que acabe pidiendo: «Señor, dame de esa agua, para que no tenga más sed» (Jn 4,15).

Sobre muchos de nuestros hermanos y comunidades ha caído una lluvia copiosa de relatos con un fuerte contenido ideológico. Cierto que no podemos ignorar el dolor del hombre ni la necesidad de un diálogo liberador sobre cuanto oprime la condición humana. Si nos alejásemos del hermano, nos alejaríamos del proyecto de Dios y de la vocación a la que un día fuimos llamados. Pero, sometidos al poder de la mundanidad, corremos el riesgo de que el Jesús pascual, presente en la Palabra y en la eucaristía, en la fraternidad y en los pobres, se nos difumine y los árboles no nos dejen ver el bosque ni el Espíritu de vida que late en su espesura.

Más allá de las palabras y de los gestos que acompañan nuestro crecimiento espiritual, es necesario centrar bien la clave del proceso: crecer al amparo de quien nos ama. Solo el amor que Dios nos tiene romperá los círculos que nos envuelven como un laberinto del que es difícil sustraerse. Necesitamos vivir la experiencia de la libertad, identificarnos con el amor entregado de Jesús y dar la vida por los amigos. Me refiero, sobre todo, a la libertad del seguimiento, a optar por él y dejarnos amar. La experiencia de la libertad espiritual consentirá que la semilla de la Palabra eche raíces en nuestro corazón y que la cultura dominante no nos ahogue. Siento que hoy en la Iglesia, en muchas de sus comunidades, la espiritualidad está descentrada y que la presencia ante Dios y con los hermanos ha sido desplazada y sustituida por inquietudes que no necesariamente nos acercan a él.

La vida interior, para afianzarse y crecer, necesita algunas cosas imprescindibles, referencias y experiencias que nos hagan contemplativos de la realidad y capaces de acercarnos al misterio del hombre y al misterio de Dios.

La permanente referencia a la Palabra

Referencia fundamental de la espiritualidad cristiana es la Palabra hecha carne, el mismo Jesús que anuncia el Reino por los caminos de Galilea, que tiende la mesa, lava los pies a los discípulos y comparte el pan con los pobres. Él es la Palabra cumplida de Dios. Algo que san Juan repite insistentemente cuando nos presenta a Jesús (Jn 1,1): «Y la Palabra era Dios».

Quizá muchas cosas empezaron a cambiar en nosotros cuando la Palabra se abrió paso en nuestro corazón y descubrimos, de la mano de Jesús, que el Padre Dios estaba en el centro de la vida y era el horizonte de toda búsqueda. Cuando esto ocurre, todo lo demás se relativiza. No es que las personas y los acontecimientos dejen de tener importancia. Sino que la experiencia salvadora que da sentido a la vida hace que todo gire en torno a él. Cuando esto ocurre, acabamos descubriendo la presencia de Dios en el corazón del hombre y en las mil cosas, pequeñas y grandes, que conforman la trama de la vida.

Nosotros no podemos ver a Dios. Seguramente, no nos cabe en los ojos ni en el corazón. Es el Hijo amado quien nos lo ha dado a conocer, «pues nadie conoce al Padre si no es el Hijo y aquel a quien el Hijo se lo quiera revelar» (Mt 11,27). En la Palabra vamos descubriendo el rostro del Hijo y, a través de él, descubrimos el rostro del Padre y los rostros de todos aquellos que se acercan a Jesús, de cuantos gritan su nombre, ansiosos por ser acogidos, amados y perdonados. Cuando escuchamos las palabras del Hijo y contemplamos su amor desmedido, comprendemos el amor del Padre. Solo entonces podemos decir *Abbá*, la palabra sencilla que lo dice todo, que califica a Dios y da sentido a nuestra fe. Cuando Jesús llama a Dios «Padre», nos está diciendo cómo es Dios. Esta es la fuerza de la Palabra del Hijo: él nos dice quién es Dios, cuál es su proyecto y el propósito de su amor.

Quien se acerca a la Palabra descubre la pasión de Jesús por el Reino y su fidelidad al encargo recibido. Pero descubre algo más. Algo que va de la mano de Jesús: el dolor del hombre, su necesidad de ser amado y, al mismo tiempo, la compasión que Dios siente por sus hijos. No es algo que queda encorsetado en el tiempo de Jesús o en la tierra que pisó. Es algo que forma parte de nuestra vida, de la búsqueda permanente de sentido y de plenitud que toda persona siente a lo largo de la vida y de la historia. Por eso, el acercamiento a Jesús desde la Palabra será siempre luz para el camino.

Hacer de la Biblia, de los evangelios, de la *lectio divina* o del Oficio Divino nuestra referencia diaria dará ritmo, tiempo, contenido y sosiego a nuestra necesidad de ahondar el proyecto de Jesús, de saborear el mensaje y de confrontar nuestra vida a la luz del Reino. La Palabra, masticada con las entrañas, nos permitirá vivir la presencia de Dios intensamente e iluminará nuestros pasos. Por el contrario, la ausencia de este ejercicio será una de las causas de la anemia y debilidad de nuestra fe. La meditación de la Palabra siempre será una forma preciosa de tener fijos los ojos en él.

El silencio y la escucha

Toda relación exige cuidado. Y del cuidado forma parte privilegiada la cercanía, la atención y la escucha. Y, consiguientemente, el silencio interior. Todo ello conforma ese espacio interior de misterio y de soledad en el que uno danza consigo mismo, con el hermano y con Dios.

En el espacio interior, a la luz de la Palabra, comprendemos que la experiencia decisiva es el amor y la compasión. Nos damos cuenta de que el dolor humano forma parte de nuestras entrañas y que no podemos pasar de largo ante el hermano herido. La contemplación del dolor ajeno puede provocar en nosotros un buen sentimiento, un movimiento espontáneo de solidaridad. Pero se necesita algo más. Jesús reclama la capacidad de ponerse en el lugar del otro, la entrega de la vida y la fecundidad del amor. Algo que, en su conjunto, llamamos «conversión», conscientes de que quien abraza al hermano abraza a Jesús. Semejante abrazo hay que madurarlo en el silencio y en la escucha, allí donde resuenan las palabras imprescindibles y se purifican los sentimientos y las intenciones del corazón. Es ahí, en el silencio interior y en la escucha orante de la Palabra, donde descubriremos la honda intención de Jesús cuando vincula el amor a Dios y el amor al prójimo (Mc 12,29-31), algo que ya recogían el Levítico y el Deuteronomio, pero que Jesús traduce de forma concreta en su predicación: la necesidad de compadecerse, acoger, perdonar, ayudar y liberar al hombre de cuanto le oprime. Ambos amores quedan unidos para siempre. Pablo nos lo recordará (Rom 13,8): «El que ama al prójimo ha cumplido la Ley». Sin amor no hay ley ni espiritualidad que se sostenga.

En el silencio tenemos que cuidar y madurar el amor que Dios nos tiene y nuestro amor por él y por nuestros hermanos. El ruido y el vértigo de la vida no siempre nos ayudan a comprenderlo. Jesús, como una especie de estribillo que marca el ritmo de su aventura, se retira frecuentemente a orar a lugares solitarios. El valor del encuentro no lo marca el relax o la búsqueda de la tranquilidad, sino la necesidad de encontrarse con Dios, de escuchar en el corazón qué quiere Dios de nosotros. Jesús necesitaba renovar en su corazón el amor y el encargo recibido y, al mismo tiempo, destilar el sentido de la obediencia, lo que significa dar la vida cuando las palabras dejan de ser poesía y se convierten en un riesgo.

Sin duda, Jesús cumplía las tradiciones propias de un judío piadoso y era fiel al *Shemá,* pero hay algo que en el evangelio brilla con luz propia: la constancia, el silencio y el gozo de la oración de Jesús, en la que lo fundamental no es el cumplimiento de la norma o de la tradición, sino el encuentro y la intimidad con Dios. Importa la escucha y, al mismo tiempo, el discernimiento: siempre tendremos que preguntarnos qué quiere Dios de nosotros, no tanto a la luz de nuestro bien personal, de nuestra tranquilidad o conveniencia, sino a la luz de su proyecto de amor, al que la Palabra llama Reino.

Crecer en la espiritualidad nos exige el cuidado de la cercanía, de la intimidad, del silencio interior y de la escucha. Nos pide dedicar tiempo, recreando de forma novedosa el valor del *cada día.* Resulta especialmente conmovedora la fidelidad de muchos hermanos y hermanas que, en medio del trajín cotidiano que implica el trabajo y las responsabilidades, encuentran tiempo para la soledad y para la oración. Pablo d'Ors, promotor de «Amigos del desierto», dice algo maravilloso a raíz de una entrevista en *Vida Nueva*: «Si no introducimos capacidad de silencio y de escucha, de quitarnos cada uno de en medio, de contener el afán de intervención, es decir, si no somos contemplativos, la acción no va a ser acción del Espíritu Santo»[3]. Para ello hay que hacer silencio y dejar que el corazón escuche. Y hay que saber apartarse para poder escrutar la propia conciencia, la vida que, de hecho, llevamos.

Una de mis mayores preocupaciones en el ejercicio del ministerio episcopal siempre estuvo marcada por la desproporción entre la vida intensa de los presbíteros y agentes de pastoral y el tiempo dedicado a la intimidad con Dios. La ausencia del silencio y de la escucha es sinónimo de una vida marcada por la mediocridad, por el cansancio y por la falta de pasión. Puede que muchos valoren los tiempos del silencio como un buen recurso para «cargar las pilas». No es suficiente. El silencio y la escucha sostienen la intimidad con Dios, y esta es una dimensión imprescindible de la espiritualidad. La identidad crece en la medida

---

[3] Cf. *Vida Nueva* 3342 (2023), pp. 46-47.

en la que la relación se cuida, en la medida en la que su amor nos apremia. Solo entonces viviremos persuadidos (Sal 62) de que «tu gracia vale más que la vida» y consentiremos que, por encima de cualquier otro amor o inquietud, Dios habite en nuestros corazones.

Mecidos por las olas del éxito, puede que lo fundamental de la vida espiritual se quede fuera. No es fácil sustraerse al activismo o al halago, a la presión del cansancio o de la crisis, a la dictadura del tiempo o de nuestras responsabilidades, pero, si cuidamos la relación personal con Jesús, nos daremos cuenta de que él sigue calmando las tormentas, sigue siendo ancla de salvación. Lo importante es que, en medio de todo, yo sepa reconocerme como hijo amado del Padre. Esta es mi condición desde siempre y para siempre y es, al mismo tiempo, el contenido fundamental de mi meditación, del silencio y de la escucha: soy hijo amado, no por ser bueno o fiel cumplidor de mis obligaciones, sino porque desde el principio Dios me llevó en su corazón de Padre. Puede que las circunstancias de la vida nos alejen de la presencia de Dios, pero nunca perderemos nuestra condición de hijos.

Contemplar las heridas

No siempre es una visión agradable. Las heridas de los hombres dejan en evidencia no solo la vulnerabilidad de la condición humana, sino también nuestra propio límite e impotencia. Lo que hoy destroza la vida del hermano mañana puede herir nuestro corazón y destruir nuestra vida. La espiritualidad que emerge del Evangelio nos obliga a escuchar el latido de Dios y el grito del hombre. Son experiencias complementarias y, por tanto, inseparables. La tierra que pisamos, salida de las manos de Dios, es tierra santa en la que Jesús se encarna, siembra y da la vida. Es el lugar del anuncio y de la profecía.

La decadencia de Israel es el reflejo de la decadencia de la condición humana. Lejos quedan las promesas anunciadas y los requiebros de amor. Frente a la decadencia, a la servidumbre y al pecado, Jesús anuncia la cercanía del Reino. La salvación no está en la tierra, ni en el templo, ni en el rey, sino en la justicia y en el amor entrañable, en la mesa compartida y en la vida dada. El Reino que Jesús anuncia no está lejos ni es inalcanzable. Jesús dirá: «El reino de Dios no vendrá espectacularmente, no anunciarán que está aquí o está allí, porque, mirad, el reino de Dios está dentro de vosotros» (cf. Lc 17,20-25). Y el gran signo de su llegada y de su presencia serán la compasión y la misericordia.

El anuncio de un Dios compasivo y misericordioso está siempre presente en la Palabra desde el comienzo de la historia de la salvación: «El Dios clemente y misericordioso, lento a la cólera y rico en piedad» (Ex 34,6). Puede que algunas expresiones sobre la justicia de Yahvé nos resulten demasiado duras y exigentes, pero quizá no siempre hemos tenido suficientemente en cuenta la evolución del Antiguo Testamento hacia el Nuevo. Ambos dan testimonio del mismo Dios. Lo cierto es que el amor compasivo de Dios es la razón que le mueve para escuchar el grito de su pueblo. Frente al grito, Dios cuidará de su pueblo y enviará al Hijo amado. El Salmo 136, «porque es eterna su misericordia», lo repetimos como un estribillo capaz de romper el círculo del espacio y del tiempo y de recordarnos el valor eterno del amor.

Cuando Jesús nos revela cómo es Dios, nos dice que Dios es Padre misericordioso. Es algo que Jesús manifiesta con gran fuerza, especialmente en la parábola del hijo pródigo, es decir, del padre paciente y entrañable (Lc 15,11-32). Es más, la misericordia será el mandato nuevo, lo que mejor expresa el encargo recibido: «Sed misericordiosos como también vuestro Padre es misericordioso» (6,36).

La nuestra será una espiritualidad amputada y reducida mientras las palabras sobre la misericordia no entren en nuestro corazón y en nuestra conciencia, algo solo posible cuando la Palabra se hace carne. No siempre es fácil comprenderlo o aceptarlo, entretenidos como estamos en el mundo del bienestar, del consumo o de la satisfacción inmediata de los deseos, un mundo individualista y encerrado en sí mismo, lo suficientemente hedonista como para quedar prisioneros del bienestar. La espiritualidad cristiana siempre nos recordará que para acceder a la misericordia es preciso erguirse, salir al encuentro del otro y contemplar, acariciar y sanar sus llagas. «Las llagas del cuerpo de Cristo son como las ventanas que nos permiten ver las entrañas de la misericordia», decía san Bernardo[4]. Así, las heridas humanas nos adentran en el dolor y nos permiten descubrir hasta dónde tiene que llegar nuestra entrega y nuestra solidaridad. La respuesta de Jesús a la pregunta de quién es mi prójimo (Lc 10,25-37) nos recuerda la gran verdad del Evangelio: la espiritualidad cristiana se nutre de sentimientos compasivos, de pasos, pequeños o grandes, capaces de dirigir la vida en la dirección de la alteridad y de la solidaridad, de la cercanía y de la ternura.

No es extraño que Jesús nos insista, para recibir la herencia del Reino, en que la perspectiva fundamental de nuestra vida es el juicio final (cf. Mt 25,31-40). «Señor, ¿cuándo te vimos?», preguntaremos sorprendidos. Hambriento, sediento, forastero, desnudo, enfermo, prisionero…, son las palabras que tejen la trama solidaria que sostiene nuestra fe, y sobre esa trama descansa el juicio: cada uno tendrá que rendir cuentas de su propia vida y será juzgado según sus obras de misericordia.

---

[4] *Sermones sobre el Cantar de los Cantares* 61,5.

Cuando Jesús nos revela el rostro de Dios, nos dice algo definitivo que marcará nuestra fe para siempre: nuestro Dios es compasivo. Y, si queremos crecer como hijos y hermanos, nosotros tenemos que hacer el mismo camino: poner los ojos en quien nos ama tanto que da su vida por nosotros y contemplar el corazón del hombre a través de sus llagas. La espiritualidad cristiana, así alimentada y sostenida, hará de la condición humana un espacio orante, fraterno y solidario y nos ayudará a descubrir al Dios presente en la historia y en la vida del hombre.

Lamentablemente, ejerciendo el discernimiento espiritual como obispo y pastor, he tenido que afrontar planteamientos, actitudes y opciones de personas, grupos y movimientos encerrados en una espiritualidad moralista y desencarnada, distante de la vida de los pobres y de cualquier proceso de liberación. ¿Será posible tener a Dios contento desentendiéndonos del hermano?

Más allá del laberinto ideológico en el que con frecuencia nos metemos, es evidente que solo puede salvarnos la misericordia de Dios. Las respuestas a nuestras preguntas hay que buscarlas en el corazón. Dios atraviesa nuestro interior con su mirada: «El corazón es lo más retorcido, no tiene arreglo; ¿quién lo conoce? Yo, el Señor, exploro el corazón […] para dar a cada cual según su camino» (Jr 17,9-10). ¿Cómo criba el Señor nuestros corazones? La clave siempre nos la dará el amor gratuito: «*Cuanto hicisteis a uno de estos hermanos míos más pequeños, a mí me lo hicisteis*» (cf. Mt 25,40-45). Valga la insistencia. Allí donde servimos al pobre en cualquier cuneta del camino y donde el sufrimiento anula su dignidad está el Dios encarnado, y su presencia siempre será motivo de esperanza para quien extiende su mano y para quien abre su corazón. Vivir al amparo de quien nos ama nos hace comprender que Dios es el único sentido posible de quien vive un dolor insensato.

7

Aquí estoy y hágase

Mi amigo agricultor es experto en soles, aguas y heladas. Es un hombre paciente que sabe esperar y, aunque la tierra le causa sufrimientos, sabe mirarla con realismo y con cariño. Transmite conocimientos y, sobre todo, sabiduría. Sin quererlo me recuerda la constancia de Dios y, al mismo tiempo, la capacidad que el hombre tiene de sacar adelante lo que Dios pone en sus manos. Con frecuencia me habla de la confianza y de la voluntad necesarias hasta el momento de la cosecha. Así ocurre cuando nos ubicamos ante el crecimiento espiritual. Necesitamos confiar y ejercer la voluntad de seguir a Jesús de cerca, especialmente cuando quedamos atrapados en las redes del desconcierto, del desánimo o de la oscuridad. Como María, necesitamos decir «aquí estoy» y «hágase» y, aunque no siempre entendamos los tiempos y los caminos de Dios, necesitamos renovar en él nuestra confianza. Ausentes la confianza y la voluntad de seguir al Señor de cerca, nos ahogaríamos en el mar de una resignación malsana. La vida espiritual está reñida con la rutina y, especialmente, con el abandono. No hay nada peor que dejar que el tiempo pase sin orar, sin meditar la Palabra, sin celebrar la fe y la vida. Fácilmente caeríamos en la farsa del cumplimiento, en el engaño de unas prácticas de piedad que no tocan el corazón ni transforman la vida.

Rema mar adentro

Jesús sabe que los discípulos han estado bregando durante toda la noche y que no han pescado nada. Sabe también la necesidad que tienen de una fe más confiada y madura. El texto de Lucas (5,4-7) es la crónica de un suceso sorprendente. Y, sin embargo, sobre el relato prima el significado de lo ocurrido. Lo importante es comprender el poder de Jesús y la obediencia de Simón Pedro; es decir, lo que el Señor puede hacer en nuestras vidas, más allá del espectáculo o del asombro, y, también, nuestra capacidad de ponernos en sus manos. Jesús no intenta dejar a los discípulos con la boca abierta, sino que busca el seguimiento interior, la aceptación de la Palabra y el cambio de la vida. Detrás de lo visible o aparente está siempre la presencia del Dios vivo. Importa ir más allá y echar las redes. Nunca faltarán experiencias que disminuyan nuestra confianza, pero tampoco faltarán experiencias que la fortalezcan. En la vida siempre tendremos que distinguir el bien del mal y, como María –la hermana de Marta–, elegir la mejor parte. En el evangelio, lo mejor es la confianza, ponerse en las manos de Dios y dejarse conducir por él.

Jesús dirá algo precioso que hoy, en la vida espiritual y pastoral, se convierte en un auténtico desafío: «Rema mar adentro» (Lc 5,4). Son palabras que tienen un hondo significado y que, a la postre, son un gran reto. Se refieren al viaje interior que todos tenemos que hacer en las distintas etapas de la vida. Pienso en las personas que, como yo, recorren su penúltima vuelta. Puede que ya no abarquen demasiado y que la acción y el protagonismo de otros tiempos haya ido dejando paso a la más intensa experiencia de la espera y la esperanza. Nadie podrá impedir el crecimiento interior que un anciano puede saborear en el silencio de la oración y del encuentro con Jesús. En cualquier caso, es en el corazón donde se realizan los viajes más decisivos e intensos, donde el encuentro personal alcanza su más profundo valor.

«Rema mar adentro» tiene también un segundo significado: el del valor necesario para buscar a Dios, a pesar de las tormentas. No siempre mantenemos viva la tensión que supone buscar, encontrar y amar a Dios. En la vida pastoral, los curas chocamos frecuentemente con esta dificultad. Pedimos a la gente que, a pesar del cansancio o de la decepción, actúe por amor. Pero amar nunca es fácil. Si lo fuera, a todos nos habría ido bastante mejor en la vida. A lo largo de la historia son muchos los que se han preguntado, tal como hizo el papa Benedicto, dónde estaba Dios cuando los monstruos marinos hundían su barca o la barbarie destrozaba a los inocentes. Nos lo seguimos preguntando día a día en un mundo quebrado por la codicia. Es la eterna pregunta de los filósofos y de los poetas, de todos aquellos que han experimentado las consecuencias de la crueldad o de la injusticia. De mi paso por Quito me he llevado en el corazón, como una llaga siempre abierta, el secuestro y asesinato de José David, joven, bueno y hombre de fe. Muchas veces pienso en él y en la aparente oscuridad de su final. El Dios paciente y estremecido por la crueldad humana es el que, desde aquel día aciago, mantiene encendida la luz de la fe. Comprendo la importancia del duelo, cuánto pueda doler la pérdida del ser amado. En momentos así no hay que desesperarse, sino confiar en aquel que puede salvarnos. Para Dios siempre seremos algo más que nuestro dolor.

El viaje interior y el valor para realizarlo necesitan el cuidado de la confianza y de la voluntad. Jesús insiste: «¡*Ánimo!, soy yo; no temáis*» (Mt 14,27), precisamente cuando la barca está zarandeada por las olas. Es entonces cuando con mayor fuerza tendremos que acrecentar nuestra decisión de seguir a Jesús de cerca y de afrontar la vida desde el amor y la confianza en él. El Evangelio es una continua invitación a no tener miedo, a la paz y a la confianza en la providencia de Dios. «No temas, Zacarías» (Lc 1,13), «no temas, María» (1,30), «no temas, pequeño rebaño» (12,32), «no os preocupéis por el mañana» (Mt 6,34). Solo así, alejando el temor, el corazón se alegra y confía. La Palabra nos pide que despleguemos nuestra dignidad de hijos y renovemos nuestra voluntad de seguimiento y de obediencia. Ir haciendo, paso a paso, una experiencia semejante evitará que nos escondamos en la tiniebla, en lo ambiguo, en la cobardía de lo anónimo, en todo aquello que nos obliga a vivir temerosos y encogidos. La vida espiritual siempre nos pedirá que nuestro corazón no esté habitado por la desesperanza, sino por la presencia amorosa de Dios. Entonces podremos abrazar el mundo con la esperanza del Evangelio y sumergir nuestras redes en el tiempo y en los espacios en los que nos toca vivir.

Hace años asistí en Salamanca a algunas meditaciones que Marcelino Legido hizo sobre la oración del Padrenuestro. Recuerdo su reflexión acerca de la petición «Hágase tu voluntad». Necesitado como estaba yo de descubrir en mi vida la voluntad de Dios, comprendí que somos nosotros, cada uno de nosotros, quienes tenemos que hacer su voluntad. Descubrirla y amarla va necesariamente unido a la oración, a la humilde petición del «hágase». Marcelino subrayaba dos palabras clave que María llevaba en el corazón: «Aquí estoy» y «Hágase».

Son las palabras de la presencia, de la apertura al Espíritu, de la disponibilidad y de la obediencia. No son la consecuencia de verlo todo claro o de sentirse seguro. María nos recuerda que en la obediencia al Espíritu siempre corremos un riesgo. La respuesta de María es una respuesta de fe y de confianza en Dios, de abandono en sus manos y en su amor providente. En el fondo de su corazón, María sabía de quién se fiaba. Con frecuencia, cuando uno no entiende o se rebela, tiene que volver al texto de la anunciación y mantener un diálogo de fe con el ángel. Un diálogo de discernimiento y de búsqueda sincera de la voluntad de Dios. Algo posible cuando somos capaces de abrazar nuestras heridas y de confiar en él. Lo que se nos plantea es la acogida absoluta de su amor sorprendente y desmedido. Al final de la batalla habrá que levantar los brazos, rendirse y decir humildemente: *Ecce,* «aquí estoy, Señor».

Decirlo es algo complicado, porque nosotros, desde el seno materno, vivimos encorvados, doblados sobre nosotros mismos (solos, solteros y solitarios). Este encerramiento nos ensimisma y nos impide avanzar, crecer y, muchas veces, amar y orar. Cuando esto ocurre, la oración acaba siendo un reflejo de nosotros mismos, de nuestros miedos y desconfianzas. Solo cuando nos sentimos llamados y seducidos por un amor mayor y desmedido somos capaces de estirarnos, de abrir las manos y decir: «Señor, aquí estoy».

El tema de la confianza en Dios es una vieja historia que atraviesa toda la Biblia. El pueblo de Dios experimenta la liberación y recorre el camino de la tierra prometida a golpe de confianza. En momentos de disponibilidad débil, cuando nos asalta el miedo o la duda, conviene recordar a Abrahán y a su hijo Isaac, librado de la muerte (Gn 22,1-19). Y recordar también a Jesús colgado en la cruz. Son historias parecidas que acaban de forma radicalmente distinta. Y es que, en el caso de Jesús, el Padre Dios entregará al Hijo amado y ningún ángel detendrá el martirio. Las palabras de María: «He aquí la esclava del Señor» (Lc 1,38), serán un anticipo de las palabras del Hijo, de su amor obediente y entregado. Cuando la Iglesia, al pie del altar, llama a los que serán sus presbíteros, toca recordar el viejo *Adsum*, ese «aquí estoy» humildemente presente, que jalona la vida de los profetas y de los santos y sin el cual el seguimiento y el ministerio se vuelven imposibles.

Ecce es también una palabra que envuelve a Jesús. El Hijo del hombre expuesto a la crueldad humana es otra de las muchas teofanías que salpican el evangelio. Esa exposición de un Dios lastimado por la crueldad humana resulta especialmente dramática y actual. Dios sigue presente en el dolor de los inocentes, de tantos hombres, mujeres y niños que malviven y «malmueren» sin sentido. El genocidio que hoy arrasa Palestina nos ayuda a comprender mejor el *Guernica* de Picasso, un revoltijo de destrucción que evoca el naufragio colectivo bajo los escombros, no solo del pueblo palestino, sino de la humanidad entera. Es la representación de la capacidad destructiva del hombre, del caos que se genera cuando la violencia se adueña de la conciencia y se pierden la paz y la compasión. Con las víctimas quedan sepultadas la vida y la fraternidad y, con ellas, el proyecto de un Dios que quiso que fuéramos uno, familia de hijos y de hermanos, y que, en los albores del mundo, al contemplar su obra, vio que todo era bueno.

María entra de lleno en el dinamismo del *Ecce,* expresión de una obediencia fiel y compasiva. No importa que no entienda, que la vida se complique, que asome la duda y surja el reparo. María es mujer de fe, capaz de confiar y de ponerse en las manos de Dios, de torcer el curso de la vida y de dar alas a su espera. La humilde mujer de Nazaret atesora en su corazón la certeza de que Dios sabe más. Hay momentos en la vida en que solo queda guardar silencio, orar, decir una sencilla palabra y obedecer.

En la vida espiritual hay momentos, esperanzas y decisiones, posiblemente también oscuridades, que el *Ecce* ilumina. Como la esclava del Señor, los discípulos tenemos que identificarnos con el Siervo doliente de Yahvé (Is 52,13-53,12). El cuarto cántico es, sin duda, el más sugerente. Es el Siervo sufriente abatido, herido, traspasado por nuestros crímenes; es la certeza de que por sus llagas hemos sido curados. «Eran nuestras dolencias las que él llevaba y nuestros dolores los que soportaba» (53,4). El cántico del Siervo se cumple en Getsemaní, en la pasión de Jesús, que carga con los pecados de todos los hombres de todos los tiempos. Decir «aquí estoy» no es tan sencillo para quien conoce las consecuencias de la vida dada. Y, sin embargo, el amor no llega a plenitud hasta que no se entrega.

La imagen del Siervo es otra de las imágenes quebradas por la cultura del poder, que reserva al hombre la capacidad de ser Dios y de dominar el mundo. La ética del amo, que todo lo justifica y lo manipula en función de la voluntad de poder, nos va incapacitando poco a poco para el servicio humilde, para la fraternidad y el amor entrañable. Quizá por eso, sin un espacio intermedio que distancie las palabras, con el *Ecce* aparece el *Fiat,* el «Hágase», que expresa la voluntad y la decisión de colaborar en el proyecto de Dios.

«HÁGASE EN MÍ SEGÚN TU PALABRA»

El seguimiento necesita la decisión, dar el paso que nos ayude a salir del círculo de las buenas intenciones que nunca se cumplen. Hacerlo como los discípulos que siguen a Jesús «al instante» o como el hijo pródigo, que resuelve levantarse y ponerse en camino. Llega un momento en el que hay que tomar la decisión de seguir al Señor y cumplir su voluntad: calzarse, cargar con la mochila y encaminarse hacia la casa del Padre. En los tiempos de *Google Maps,* los pasos que hay que dar están cantados, y la meta siempre está al alcance de la mano. Sin embargo, hacer el camino interior que se nos pide resulta más complejo. No solo basta con decir «aquí estoy», es necesario decir *fiat,* «hágase» tal como tú lo quieres para mí. Es necesario llegar al final del amor, al cuerpo entregado y a la sangre derramada. Solo entonces tienen sentido la vida, la muerte y las palabras de Jesús: «Mi alma está triste hasta el punto de morir» (Mt 26,38). Es el momento de la ofrenda definitiva en el que la vida está en juego y ya solo queda ponerla en las manos de Dios. Decidir la propia vida desde la fe es ir perdiéndola, desgastándola, hasta que llega el momento en que se vuelve irrecuperable y uno comprende que el camino hecho no tiene vuelta atrás. Lo único que queda es el encuentro definitivo con un Dios definitivo. Hasta aquí llegan las consecuencias del humilde «aquí estoy» y del «hágase».

No son palabras baratas, pues tienen un alto precio. Son palabras que entran en conflicto con nuestros intereses, con el ejercicio de nuestra libertad y con las ofertas de felicidad que el mundo nos brinda.

Conviene volver al Siervo doliente. El Hijo cumple el encargo, hace la voluntad del Padre cuando se hace siervo. Pablo nos lo recuerda en el himno de Filipenses: «Se despojó de sí mismo tomando la condición de siervo [...] hecho obediente hasta la muerte, y muerte de cruz» (Flp 2,8-9). Una vida austera, generosa y solidaria nos ayudará mucho a comprender los camios de Dios, pero, al final, lo que se nos pide es llegar a la extrema pobreza de la gracia: la entrega gratuita del amor y de la vida. Y, sin embargo, la seducción que Dios ejerce en nosotros no termina ahí. Como Jesús, siempre tendremos que decir: «Padre, glorifica tu nombre» (Jn 12,28). Y recordar las palabras de María: «Mi alma glorifica al Señor, mi Dios» (Lc 1,46). San Ignacio lo comprendió bien cuando formuló la divisa de la Compañía: «Para la mayor gloria de Dios». San Ignacio se refería a la entrega total y sin reservas del hombre para con Dios: vivir en relación con él y cumplir su voluntad. Algo que el fundador de la Compañía de Jesús expresa con claridad al inicio de sus *Ejercicios espirituales:* «El hombre es creado para alabar, hacer reverencia y servir a Dios, nuestro Señor, y mediante esto salvar su alma» (EE 21). La radicalidad de la entrega será el pórtico y el elemento nuclear de su experiencia espiritual.

Y, a pesar de que siempre rozaremos el misterio y la espiritualidad nos complique la vida, al final siempre tendremos que dar gracias.

8

El tiempo de la siega

El evangelio nos sitúa en el tiempo de la siega (Mt 4,26-29), de los frutos (7,15-20), de la rendición de cuentas (25,14-30), del juicio (25,31-46)... Es el tiempo de la verdad de la vida, el que nos queda para perdonar y pedir perdón, para restaurar la justicia y ejercer la compasión. Un tiempo intenso en el que cada uno tiene que pulir su propia identidad y descubrir si es verdad que el Padre Dios, cuyo nombre hemos pronunciado tantas veces, habita en el corazón.

En el primer capítulo de este libro recordábamos cómo Jesús comparaba el reino de Dios con el acto de sembrar y cómo, a modo de misterio, lo que pasa entre la siembra y la cosecha ni siquiera depende del sembrador. Alguna iniciativa inteligente podremos tomar, pero el reino de Dios no depende de nadie ni de nada en particular, sino de la obra misteriosa de Dios. Podemos estar orgullosos del bien que hagamos, pero nunca podremos torcer la iniciativa de Dios o pensar que su voluntad depende de nosotros. Ya Isaías nos lo recordaba de forma muy bella y elocuente: «Como descienden la lluvia y la nieve de los cielos y no vuelven allá, sino que empapan la tierra, la fecundan y la hacen germinar, para que dé simiente al sembrador y pan para comer, así será mi palabra, la que salga de mi boca, que no tornará a mí de vacío, sin que haya realizado lo que me plugo y haya cumplido aquello a lo que la envié» (Is 55,10-11).

Como la lluvia y la nieve empapan la tierra, así el Espíritu Santo obra en el corazón y en la vida de quienes escuchan e interiorizan la Palabra de Dios. Un creyente nunca brilla con luz propia, más bien es el reflejo de la luz de aquel que puede iluminar la vida entera. Si nuestra fe descansa en Jesús, recorreremos los caminos del Reino, aunque la fe sea pequeña. Será suficiente con escuchar la Palabra e imitar los gestos misericordiosos. El cuidado del hermano hará que el reino de Dios crezca como la semilla de mostaza.

El evangelio se refiere al tiempo de la siega de muchas maneras, y conviene tenerlas en cuenta: «¿No decís vosotros: "Cuatro meses más y llega la siega"? Pues bien, yo os digo: alzad vuestros ojos y ved los campos, que blanquean ya para la siega. Ya el segador recibe el salario, y recoge fruto para vida eterna» (Jn 4,35-36). El tiempo de la siega coincide con el tiempo de los frutos buenos y malos (Mt 7,15-20), de los viñadores homicidas que actúan como si fueran los dueños de la viña (21,33-43). Y coincide también con el tiempo en que cada uno tendrá que rendir cuentas de la propia vida, de los talentos recibidos (25,14-30), del cuidado de los hermanos y de todo lo que hicimos o dejamos de hacer en su favor (25,31-46).

Este es el tiempo de los intentos

«Solo el amor» es una bella canción de Silvio Rodríguez para cantar en la soledad de la capilla, cuando uno siente que está solo con Dios solo. Cuadra muy bien en el tiempo de la siega, de la verdad y de las declaraciones de amor, cuando uno dice la verdad en voz baja y de forma sincera. El eco de aquel interrogante: «¿Me amas?», y las palabras rendidas de Pedro: «Tú lo sabes todo, tú sabes que te quiero», sigue resonando por los siglos en el corazón de los discípulos. Ya no hay espacio para la mentira o para el miedo. La seguridad no está en el ocultamiento, sino en la transparencia de los sentimientos o en la fuerza de las palabras. Por eso la canción de Silvio Rodríguez es tan bella. Porque habla del amor y de cuanto lo sostiene, de la arena, del barro y de la arcilla, pero, sobre todo, del maravilloso milagro que enciende lo muerto.

> Debes amar el tiempo de los intentos,
> debes amar la hora que nunca brilla;
> y, si no, no pretendas tocar lo cierto:
> solo el amor engendra la maravilla,
> solo el amor consigue encender lo muerto.

Debes amar la arcilla que va en tus manos,
debes amar su arena hasta la locura;
y, si no, no la emprendas, que será en vano:
solo el amor alumbra lo que perdura,
solo el amor convierte en milagro el barro.

La madurez –también la edad madura– sigue siendo tiempo de intentos y de una nueva sabiduría: la seguridad no está ya en uno mismo, puede que el tiempo ya no brille y las certezas se vuelvan escasas. Puede que ya el único intento que merezca la pena sea amar. Por eso la madurez es tiempo de perseverancia. San Pablo se lo recordaba a Timoteo en el contexto de sus últimas recomendaciones: «Tú persevera en lo que aprendiste y en lo que creíste» (2 Tim 3,14). Puede que, si no hacemos aquello en lo que creemos y que un día interiorizamos en nuestro corazón, no seamos perseverantes y algo más muera dentro de nosotros hasta que, poco a poco, la muerte se enseñoree de nuestra vida.

A lo largo del tiempo no han faltado las personas imprescindibles –así las llamaba Bertolt Brecht– que resistieron la vida entera en fidelidad a sus creencias y compromisos. En la fe de Jesús, de igual manera, para crecer en madurez y en fecundidad, para ser fieles durante toda la vida, es preciso, como María, alimentar las certezas más íntimas: «Su madre conservaba todo esto en su corazón» (Lc 2,51).

La madurez de la vida espiritual trae como consecuencia los buenos frutos. El evangelio hace referencia frecuentemente a la viña, la higuera, los campos de mieses, la necesidad del cuidado, de la constancia y de la confianza en Dios. Pero, sobre todo, al discernimiento necesario para saber distinguir los frutos buenos de los malos. Jesús nos hace una buena advertencia: «Guardaos de los falsos profetas, que vienen a vosotros con disfraces de ovejas, pero por dentro son lobos rapaces. Por sus frutos los conoceréis […] Todo árbol bueno da frutos buenos, mientras que el árbol malo da frutos malos […] así que por sus frutos los conoceréis» (Mt 7,15-20). Los buenos frutos son un signo de madurez y, a la postre, no son compatibles con la mentira o con la hipocresía.

A lo largo de la historia humana y de la vida de la Iglesia no han faltado los falsos maestros y profetas. Jesús será especialmente duro con ellos. La palabra «hipócritas» resuena con fuerza en labios de Jesús y se vuelve especialmente intensa en el capítulo 23 de Mateo: «En la cátedra de Moisés se han sentado los escribas y los fariseos. Haced, pues, y observad todo lo que os digan, pero no imitéis su conducta, porque ellos dicen y no hacen» (Mt 23,1-3). «¡Ay de vosotros, escribas y fariseos hipócritas, que cerráis a los hombres el reino de los cielos! Vosotros, ciertamente, no entráis;

y a los que están entrando no les dejáis entrar» (23,13). «Así también vosotros, por fuera aparecéis justos ante los hombres, pero por dentro estáis llenos de hipocresía y de inequidad» (23,28).

Y, sin embargo, Dios siempre deja abierta una puerta a la esperanza. Frente a la dureza de los textos de Marcos y de Mateo, que declaran en boca de Jesús que la higuera será maldita por la mentira que encierra, Lucas suaviza la sentencia y da a la higuera estéril una nueva oportunidad: «Señor, déjala este año todavía y, mientras tanto, cavaré a su alrededor y echaré abono, por si da fruto en adelante; y si no da, la cortas» (Mt 13,8-9). La higuera es la imagen del hipócrita, que alardea de ser fecundo, pero que no da fruto y no alimenta a nadie ni sirve de provecho. En el fondo, lo que Jesús reclama es la pureza de nuestras intenciones y la fecundidad de nuestra vida.

¿Cómo reconocer a los verdaderos discípulos y evitar a los falsos profetas? Una vez más tenemos que ir al corazón. El fruto de la vida nos muestra lo que realmente hay en nuestros corazones. Cada palabra y cada gesto es fruto de nuestro corazón, del amor que sentimos por la justicia y la paz. Por eso Jesús se dirige siempre al corazón de quienes le escuchan o reclaman su atención. El milagro más grande es el que se realiza en el corazón de la persona. Cuando el corazón cambia, todo cambia, también los frutos que producimos. «Las obras de la carne son conocidas: fornicación, impureza, libertinaje, idolatría, hechicería, odios, discordia, celos, iras, rencillas, divisiones, disensiones, envidias […] En cambio, el fruto del Espíritu es amor, alegría, paz, paciencia, afabilidad, bondad, fidelidad, mansedumbre, templanza» (Gál 5,19-24). Podemos hablar bien, frecuentar el templo y hacer alarde de un piadoso cumplimiento, pero lo cierto es que de nada vale si vivimos solo para nosotros mismos o para nuestro brillo personal, para el prestigio de nuestras instituciones y de nuestros intereses. «Surgirán falsos Cristos y falsos profetas, que harán grandes señales y prodigios, capaces de engañar, si fuera posible, a los mismos elegidos» (Mt 24,24). En medio del desconcierto de un mundo tan aparente toca estar atentos y, a la luz del Espíritu, recordar las palabras del Señor: «Por sus frutos los conoceréis».

En la madurez de la vida

No es cuestión de años ni de méritos acumulados. El tiempo de los cristianos no se mide por años, sino por amor, por vida dada y entregada a favor del Reino, por la siembra compasiva que realizamos en el corazón de los hermanos, por el cuidado de los más pobres y abandonados. La madurez de la vida espiritual necesita la fidelidad a esa trama de misericordia que atraviesa el evangelio y viene dada por un triple movimiento presencial: la presencia humilde ante un Dios que es Padre y que nos ama y configura como hijos; la presencia con los hermanos, con todos aquellos con los que hacemos camino y compartimos la fe y la vida; y la presencia entre los pobres y abandonados, con los que siempre tendremos que construir un mundo mejor, más justo, equitativo y humano. Esta triple presencia marca un dinamismo y un estilo de vida que, sin saber muy bien cómo, nos va transformando y conduciendo por un camino bueno, el camino del Reino.

Semejante aventura es sinónimo de madurez. Hoy, un cristiano con una identidad clara puede ofrecer una forma definida de situarse ante el mundo, lo cual siempre es garantía de un crecimiento espiritual y vital. Vivimos tiempos de grandes cambios y, ante un mundo fragmentado por ideologías y valores tan contradictorios, es muy difícil pensar que la madurez podremos encontrarla fragmentando nosotros mismos la conciencia y el corazón. La madurez de la vida y de la espiritualidad cristiana nos reclaman una mayor unidad interior y coherencia de vida. Puede que en muchas ocasiones nos toque guardar silencio y esperar a fin de que el Espíritu Santo ilumine nuestros caminos y los caminos de una historia por construir y liberar de todos sus demonios. Son procesos que llevan tiempo, constancia y fidelidad. Por eso, la madurez siempre va acompañada del silencio, de la contemplación y de la búsqueda sincera de la voluntad de Dios.

Como toda aventura extendida en el tiempo, es preciso cuidar y reinventar la madurez en cada etapa de la vida. No se trata solo de lograr un cierto equilibrio emocional que nos ayude a vivir en paz, un tiempo tranquilo que compense el ruido y el vértigo de la vida. Para un cristiano, el equilibrio personal y la paz siempre se moverán al ritmo de la vida que nos envuelve. Y la madurez tendremos que definirla de forma continuada en cada una de sus etapas, siempre atentos al dolor humano, a la necesidad que el hermano tiene de nuestra presencia y cercanía. Cierto que se necesita una aguda capacidad de análisis de la realidad, pero también se necesitan algunas cosas más:

– Una referencia clara, constante, orante y contemplativa, a Jesús y su Evangelio. Entre líneas y latidos nos sorprenderán la novedad del latido, del anuncio, de la propuesta… Y, al mismo tiempo, la capacidad que Jesús tiene de llegar a lo más íntimo de la condición humana, a los deseos fundamentales de amor y de unidad que atraviesan el corazón.

– No hacer el camino en soledad, discípulos y maestros de nosotros mismos. La madurez espiritual necesita ser acompañada por alguien que pueda conservarnos anclados en la fe y pueda pronunciar con libertad interior las palabras imprescindibles, acariciando con delicadeza nuestras heridas.

– Tratar de cuidar una positiva ecología del buen vivir, según las exigencias del momento, las tareas, las responsabilidades y los años. Siempre será necesaria una cierta distancia crítica respecto a una mundanidad que más que seducirnos nos secuestra y hace de la acomodación un nuevo mito. La ecología del buen vivir se refiere más bien a la unidad, a la armonía y a la paz del corazón; a vivir reconciliados con nosotros mismos, con nuestra propia historia y, como hijos del padre piadoso y compasivo, experto en amor y en perdón, que otea las vueltas del camino y de la vida, estar atentos para acoger al hermano que regresa buscando paz y perdón.

– La madurez que se nos pide no nos saca de nuestras casillas, pero sí de nuestras fronteras. Mucha gente pide, más bien exige, vivir tranquila, de tal forma que el propio huerto que el ilustrado reclamaba para sí –la familia, la casa, la realización profesional y el estatus económico– se ha convertido en el pequeño mundo deseado, a cubierto de cualquier turbulencia o inquietud. No es el caso de la madurez espiritual, que siempre suscitará en nosotros un aliento ético y crítico capaz de comprometer nuestra vida. La madurez no nos aparta de los demás; al contrario, más bien nos acerca y aclara cuáles son las intenciones amorosas del corazón.

– Entre todos los frutos para cosechar en la vida espiritual es necesario estar atentos al fruto de una caridad sincera que pone en el horizonte de la vida la vida de los demás. Puede que nuestra única identidad sea la caridad, la capacidad de amar sin medida ni egoísmo, de transmitir a otros de forma gratuita la fe que sostiene nuestro corazón. La admiración que suscitaban los primeros cristianos: «Mirad cómo se aman, cómo están dispuestos a morir el uno por el otro», que Tertuliano decía en el siglo II, se convierte en una seña de identidad muy propia de las primeras comunidades. Los Padres de la Iglesia insistirán en ello: «Si todavía no te sientes en disposición de morir por tu hermano, disponte al menos a darle algo de lo que tienes. Que la caridad comience ya a conmover tus entrañas» (san Agustín, *Sobre la primera epístola de san Juan* 5,12). Jesús nos dejó en herencia su Palabra: «Nadie tiene mayor amor que el que da su vida por sus amigos» (Jn 15,13). Y la primera comunidad nos dejó la experiencia preciosa que recogen los Hechos de los Apóstoles: «Tenían un solo corazón y un alma sola» (Hch 4,32). Y ahí hundió su raíz la caridad que la Iglesia transmitió a lo largo de los siglos. Algo que solo el amor la hace posible.

El abrazo deseado

El tiempo de la siega es también el tiempo de los abrazos. Llega un momento en el que toca abrazar todo lo que se ama: la vida que Dios nos regala, los hermanos y los amigos con los que compartimos el camino, los maestros del espíritu que nos enseñaron a pensar, a rezar y a amar, la gente humilde y sencilla que nos hizo bajar de las peanas, con la que compartimos sueños, proyectos, alegrías y tristezas.

Extender los brazos y rodear con ellos a una persona, estrecharla y acariciarla, es un acto de afecto profundamente humano, incluso terapéutico, capaz de aliviar nuestra ansiedad y nuestro dolor, de acortar distancias, de provocar alegría y tranquilidad, tanto al que lo da como al que lo recibe. Puede que los seres humanos, de cualquier cultura y condición, estemos hechos para abrazar y ser abrazados, quizá porque, en el fondo, todos somos demasiado frágiles y necesitados de afecto, de comprensión y de perdón. La experiencia nos dicta que un abrazo sincero y entrañable siempre se prolonga en el tiempo, permite sanar las heridas y recuperar el tiempo perdido.

La madurez de la vida espiritual hace que el abrazo nos meta en las entrañas, devuelva la dignidad y alce de la basura al pobre. Signo maravilloso de ello en el Nuevo Testamento es el padre del hijo pródigo (Lc 15,11-32), que abraza al hijo y lo cubre de besos. En ese momento, el hijo abandona sus temores y olvida parte del discurso que traías preparado o, simplemente, siente que sus palabras se vuelven irrelevantes. En el evangelio, abrazar el dolor, la necesidad del perdón y el arrepentimiento se vuelve imprescindible. Y el gran signo, a la luz del cual todos los signos alcanzan su sentido, será la cruz. En la cruz del Hijo amado, Dios abraza al mundo, abraza a los intocables y nos comunica su misericordia. En la fe de Jesús, el abrazo será el gran signo del perdón, de la reconciliación y de la paz.

A su sombra, la fe compartida de la Iglesia es el espacio del abrazo que une a los hermanos y se extiende a los otros, a los diferentes y alejados, a cuantos buscan y echan de menos un abrazo de ternura y de perdón. En la fe de Jesús necesitamos algo más que un buen sentimiento. Necesitamos:

– Poner a Jesús y su Evangelio en el centro del corazón. Las palabras más importantes del evangelio son las que salen de sus labios. No son palabras lanzadas al viento, sino que van dirigidas al corazón del hombre, allí donde Dios habita. Hoy la Iglesia necesita recuperar la interlocución del corazón. Precisamente en un mundo dominado por lenguajes políticos, técnicos o funcionales que, las más de las veces, no expresan la profundidad de la condición humana y su misterio.

– El abrazo supone un claro despojo, un cambio de mentalidad y de sentimientos que nos haga abandonar toda pretensión que no nazca de la búsqueda sincera de la justicia y del bien que el evangelio proclama. El himno de Filipenses nos lo recuerda: «Se despojó de sí mismo tomando la condición de siervo» (Flp 2,7). Solo así el Cristo pudo abrazar al mundo.

– Por eso, por el despojo del Siervo, el abrazo de Dios y el nuestro es un abrazo sanador. Cuando las personas necesitan ser abrazadas, quieren experimentar que son alguien en la vida del otro, que la amistad las protege y las cuida, que no están solas, que están a salvo. La vida mejora con el abrazo.

– Finalmente, el abrazo se convierte en un signo privilegiado de la misericordia, del compromiso fraterno y solidario. La empatía no es solo un sentimiento, sino un esfuerzo por ubicarnos cerca del otro. Así, la empatía está a un paso de la compasión. Quien abraza no solo entra en contacto, sino que se compromete y se complica la vida. Por eso el abrazo es la aproximación más difícil de mantener. Resulta fantástico que la madurez espiritual nos acerque tanto y nos permita, a pesar de ser tan diferentes, caminar juntos.

El tiempo de la siega es, en lo personal y en lo social, también en lo eclesial, un tiempo de claridad. No acontece al final de los tiempos, sino en el momento en que cada cual descubre la importancia de amar y de dejarse amar, de hacer un sitio a la amistad social, a la fraternidad, a la compasión y a la paz.

El mundo de la geopolítica se ha polarizado en gran medida, y los extremismos populistas de derecha e izquierda asumen, con mayor radicalidad, posturas que alejan al hombre de la ética y de la fe cristiana, que normalizan la violencia, la guerra, la exclusión social, el rechazo de emigrantes y refugiados. El humanismo cristiano queda opacado por los intereses del poder y del dinero hasta tal punto que las palabras y los gestos compasivos se diluyen en un mar de violencia que reclama la muerte del enemigo. Puede que nos toque vivir en un contexto áspero y bronco que para muchos es sinónimo de desesperanza. Pero puede que este sea el lugar de la resistencia, de la fe y de la confianza en el Dios compasivo. Más que nunca, el mundo necesita el abrazo de Dios, nuestros propios abrazos y empatías. Cuando nos ubicamos en la cultura y en la espiritualidad del abrazo, no nos limitamos a analizar qué pasa a nuestro alrededor. Más bien escuchamos, pensamos y sentimos hasta comprometernos con el hermano-amigo y el hermano-enemigo.

9

ÉL NOS CUIDA

Si entramos en la espiritualidad del cuidado, conviene que la intensidad de nuestra vida y nuestros abrazos descansen en las manos de Dios y trasciendan nuestra experiencia más inmediata. No se trata de sobrevivir, sino de dar a la vida un sentido más luminoso y transparente, más claro y definitivo. El cuidado forma parte de nuestra fe bíblica y de nuestra tradición eclesial.

La Biblia nos muestra cómo Yahvé cuida de su pueblo. Desde el principio, la promesa siempre estuvo unida a la bendición, cuando Dios dialogaba con Abrahán y le hacía su propuesta: «Vete de tu tierra y de tu patria y de la casa de tu padre a la tierra que yo te mostraré. De ti haré una nación grande y te bendeciré. Engrandeceré tu nombre, que servirá de intensa bendición» (Gn 12,1-2). Canaán será el inicio de una vida nueva, pero, para alcanzarla, Abrahán tendrá que confiar en Dios. Él será el amigo providente que cuidará a su pueblo hasta el final. Dios «oye», «se acuerda» y «mira», saca al pueblo de la esclavitud y lo conduce hasta el espacio de la libertad interior donde podrá crecer en justicia y amor. Más que una religión de culto Dios irá pidiéndonos que actuemos en favor de los que sufren por causa de la marginación, del hambre, del dolor, de la servidumbre o del desamparo.

Dios no abandona a sus hijos

La Palabra nos enseña que Dios no abandona al pueblo a su suerte. Muestra su cuidado dándoles de comer el maná (Ex 16,12-15), de beber el agua que saca de la roca (17,4-7), pero, de forma privilegiada, poniendo el Decálogo en manos de Moisés (20,1-21). Las tablas de la Ley serán la gran expresión de amor y de cuidado de un pueblo llamado a ser comunidad de hermanos y tener a Dios como único Señor. La «familia-memoria», que conserva viva la acción liberadora de Dios, se convierte en «familia de contraste» en medio de un mundo seducido por la codicia y por el poder.

Como tantas veces ocurre, planteamientos y experiencia no siempre van de la mano. Cuando el pueblo entrega su corazón a los ídolos y el ansia de poder se adueña de sus corazones, Dios cuidará a su pueblo a través de los profetas, no siempre aceptados y escuchados. Fue una época oscura y dramática, y muchas veces teñida de sangre. Pero Dios volverá a manifestarse con la misma fuerza y con el mismo amor. «El pueblo que andaba a oscuras vio una luz intensa. Sobre los que vivían en tierra de sombras brilló una luz [...] Porque un niño nos ha nacido, un hijo se nos ha dado» (Is 9,1-2.5). En la Palabra se nos manifiesta que Dios no nos deja en el olvido, que siempre nos cuida porque nos ama: dialoga con ternura, perdona siempre y ofrece una nueva oportunidad.

Jesús cuidará de cuantos se crucen en su camino pidiendo ayuda y compasión y no dejará sin respuesta el clamor de los pobres; pero, muy especialmente, cuidará de sus discípulos. Les enseñará a descubrir su propia verdad, su identidad de hijos y de hermanos, a compartir la fe y el seguimiento, a meter en el corazón la pasión por el Reino, a orar y a descansar. No se trata de dar y dar hasta que ya no tengamos nada que dar. Más bien se trata de orientar la vida entera desde el Reino y su justicia, desde la necesidad del hermano y desde el hecho de poner la vida a su servicio. Jesús recuerda su dignidad y algo que no siempre es fácil de entender o de aceptar: que amar incondicionalmente supone comprometerse con el otro y dar, en lo cotidiano, la vida por él. «Este es el mandamiento mío: que os améis los unos a los otros como yo os he amado. Nadie tiene mayor amor que el que da su vida por sus amigos [...] Vosotros sois mis amigos [...] No os llamo ya siervos» (Jn 15,12-15). El amor se vuelve ilimitado: no se trata solo de curar a los enfermos, de alimentar a los hambrientos, de vestir a los desnudos..., sino de amar a los hermanos tal como él los amó, entregando la vida por ellos para que la alegría sea plena (15,11). Lo que los discípulos captan es la ternura y el compromiso de Jesús. Ellos serán los testigos privilegiados de sus milagros y sus gestos. Lavándoles los pies a ellos y acariciando el dolor de los humildes, Jesús sembrará en sus corazones la generosa solidaridad del que siempre ayuda y transparenta la misericordia de Dios.

Hay algo más que siempre envuelve la relación de Jesús con sus discípulos: el hecho de orar por ellos y con ellos. «Por ellos ruego yo» (Jn 17,9). Tras el lavatorio de los pies y antes de su prendimiento en el huerto de los Olivos, Jesús proclama la «oración sacerdotal». Pide la unidad y la comunión de todos en torno al Padre, que, con amor, cuida a sus hijos: «Cuida en tu nombre a los que me has dado [...] Cuando estaba yo con ellos, cuidaba en tu nombre a los que me habías dado [...] Yo los he amado a ellos como tú me has amado a mí» (vv. 11.12.23). Y es que no hay mejor cuidado que el amor convertido en oración. Es un texto intenso que pareciera que da vueltas, pero, en realidad, avanza. En esta oración quedamos todos incluidos: Jesús, los discípulos y cuantos se dejan seducir por la Palabra.

La «oración sacerdotal» tiene un sabor a despedida que hace que afloren muchos sentimientos que duermen en el fondo del corazón, anticipo de una presencia en medio de la ausencia. No es solo un discurso de intercesión; es un signo del amor que Jesús siente por sus discípulos, amor que trasciende el tiempo y la distancia: «Y sabed que yo estoy con vosotros todos los días hasta el fin del mundo» (Mt 28,20). Después de dos mil años siguen resonando estas palabras de esperanza. Y, al mismo tiempo, es una advertencia, quizá porque, a pesar de que el amor es la condición para el éxito de nuestra misión, la comunión a la que estamos llamados está siempre en peligro. Conviene estar atentos a las palabras de Jesús, a su oración por todos nosotros, y sumarnos a su plegaria. Rezar unidos a Jesús es la manera mejor de cuidarnos y de dejarnos cuidar y, al mismo tiempo, de alcanzar la alegría plena. «Os he dicho estas cosas para que mi gozo esté en vosotros, y vuestro gozo sea colmado» (Jn 15,11).

LA VIDA ESPIRITUAL TRANSFORMARÁ NUESTROS CORAZONES

La vida espiritual es el camino que nos permitirá avanzar y crecer en el proceso de humanización y de fe al que, desde el principio de la creación, estamos llamados por el Dios que nos hizo a su imagen (Gn 1,26-27). Este es el viaje pendiente de nuestras vidas y de un mundo que con frecuencia olvida su origen y se muestra en bancarrota moral. Pensar que el sentido de la vida nos lo da lo que acumulamos –el dinero, los títulos, las posesiones, los proyectos profesionales o la participación en los círculos del poder– nos obligará a vivir en el reduccionismo de la codicia, a la que siempre es fácil entregarle el corazón. Ella es el gran enemigo de la vida espiritual, pues es la que nos encierra en nosotros mismos y nos hace depender únicamente de aquello que nos complace. Si nos dejamos atrapar por esa red, el horizonte materialista de la vida opacará nuestros mejores sentimientos y nos alejará de Dios y de su imagen, del amor entregado, generoso y oblativo. Por el contrario, la vida espiritual nos ayudará, a pesar de vivir sometidos a tantas compulsiones sociales, a encontrar y sostener nuestro yo más verdadero y, por tanto, nuestra identidad cristiana.

A nuestro alrededor pueden derrumbarse muchas de las cosas que nos rodean y aparentemente sostienen nuestra vida, pero nuestra condición de hijos de Dios siempre seguirá intacta. Puede que conozcamos la adversidad o el fracaso, que seamos atacados o calumniados, pero la condición de hijos pervive siempre en nuestro interior. En muchos momentos, nuestro mundo interior puede quedar debilitado o secuestrado por los cantos de sirena del mundo manipulador y hambriento de poder, y, sin embargo, si dejamos a Dios un pequeño espacio en nuestro corazón o si queremos ser nosotros mismos, tendremos que volver al calor de nuestro verdadero hogar: amar a Dios y dejar que él nos ame.

Siempre nos ayudarán la oración, el acercamiento cotidiano a la Palabra, la celebración de la eucaristía, el compromiso solidario con los hermanos…, pero la gran experiencia que centra y sostiene nuestra vida espiritual es el amor: querer amarle, sentir que le amamos y que él nos ama. Dios no conoce otro modo de ser que el amor. Si hemos sido creados a su imagen, también nosotros estamos hechos para la comunión, el encuentro y la intimidad. De ahí la importancia de ser hombres y mujeres que se comprometan en el cultivo de la vida espiritual como garantía de transformación de nuestros corazones y del mundo que habitamos.

Con frecuencia, la vida pastoral o el acompañamiento espiritual dejan en evidencia la dificultad del cambio o la débil perseverancia. De ahí la importancia del cuidado, la fidelidad a la oración en el día a día y el estilo de vida siempre atento a las necesidades de los hermanos y de los pobres. Permanece lo que se ama y lo que se cuida. Y esta tendría que ser la insistencia de los predicadores: reclamar, a modo de pedagogía del espíritu, una idea, una imagen y un sentimiento que en lo cotidiano nos mantengan fieles a lo que un día decidimos amar.

LA VIDA ESPIRITUAL TRANSFORMARÁ LA TIERRA YERMA EN TIERRA FECUNDA

Más allá de las lindes que marcan nuestro pequeño campo, la vida espiritual es también la que puede abrir las puertas al futuro de nuestro mundo y ubicar su transformación en el horizonte de esperanza que la vida espiritual genera. Algún día, la esperanza que hoy anhelamos coincidirá con la plenitud del Reino anunciado. La Biblia se refiere frecuentemente a ello:

– Is 65,17: «Pues he aquí que yo creo cielos nuevos y tierra nueva».

– 2 Pe 3,13: «Pero esperamos, según nos lo tiene prometido, nuevos cielos y nueva tierra, en los que habite la justicia».

– Ap 21,1: «Luego vi un cielo nuevo y una tierra nueva».

La esperanza de un cielo nuevo y de una tierra nueva coincide con la llegada del reino de Dios. El Señor siembra en el corazón de los discípulos y en el de la Iglesia una firme esperanza. Algún día tomaremos conciencia de que somos hermanos, hijos del mismo Padre. Solo entonces la comunión y la unidad serán plenas y todo será redimido por el Amor mayor del Padre Dios. Él morará con nosotros y nosotros seremos su pueblo. Y, si este es nuestro horizonte, también tiene que ser nuestra lucha, nuestro esfuerzo en el hoy de la historia que nos toca vivir.

La pregunta surge con fuerza cada día: ¿qué estamos haciendo con la nueva tierra? Las páginas oscuras de la historia –también las que hoy padecemos– contradicen el mensaje de Jesús y oscurecen el desafío del Reino. En la Palabra se nos anuncia que Dios enjugará toda lágrima: «Y oí una fuerte voz que decía desde el trono: "Esta es la morada de Dios con los hombres. Pondrá su morada entre ellos y ellos serán su pueblo y él, 'Dios con ellos', será su Dios. Y enjugará toda lágrima de sus ojos, y no habrá ya muerte ni habrá llanto, ni gritos, ni fatigas, porque el mundo viejo ha pasado" [...] Mira que hago un mundo nuevo» (Ap 21,3-5). El gozo del mundo renovado ahogará las penas para siempre y hará que desaparezcan las infinitas lágrimas derramadas a lo largo de la historia, incluidas las lágrimas amargas que hoy salpican la vida de muchas personas y pueblos. Aunque nos parezca una tarea de gigantes, tendremos que asumir nuestras responsabilidades.

Dios acabará no solo con nuestro sufrimiento, sino también con todo aquello que lo causa (cf. Is 25,8), incluida la muerte, y el dolor, y el desamparo que provoca. La muerte será destruida (1 Cor 15,26). Así, el modo de vida anterior, marcado por el llanto, será sustituido por una vida nueva.

Cualquiera pensaría, pensando en las amenazas y en la violencia que asola el planeta, en los millones de desplazados, emigrantes y refugiados que huyen de sus países de origen, en las amenazas que sufre el ecosistema y en la falta de esperanza de los pobres, que la promesa de un cielo nuevo y de una nueva tierra no es más que poesía o la expresión de un hermoso deseo. Los poderosos de este mundo, los que tienen en sus manos la guerra y la paz, la vida y la muerte, quienes supeditan la dignidad humana a los intereses del mercado, difícilmente entenderán el significado profundo de la Palabra y, con mayor dificultad, asumirán el cambio que el mundo necesita y que Dios nos pide. Pero, por encima de cuanto nos hace desgraciados o nos aleja del bien, la Palabra de Jesús permanece viva y el Espíritu sigue actuando en la historia. Es un consuelo y un motivo de esperanza saber que no estamos solos y que Dios nos cuida. Así nos dice la Palabra en cuya fuerza descansa nuestra fe. Y así nos lo dicen los mártires y los santos, cuantos supieron esperar y empujar la historia en la dirección del bien, a pesar del sufrimiento acumulado.

* * *

Cada uno, ante la luz del bien o la fuerza del poder de las tinieblas, tendrá que ubicarse y saber dónde pone su corazón y quién lo habita. Muchos piensan que lo que cada uno piensa, siente y cree no tiene mucha importancia y que en cualquier momento la vida puede quebrarse y la muerte visitarnos. Así será, sin duda. Pero la vida y la muerte de cada uno tiene a los ojos de Dios un infinito valor. No se pierde ni un cabello de nuestra cabeza. La referencia al cabello es una palabra de aliento para los discípulos temerosos e inseguros. Una palabra que se repite en el Antiguo Testamento (1-2 Samuel, 1-2 Reyes) y en el Nuevo Testamento

(Lucas, Hechos). Es evidente que los discípulos valen más que muchos pajarillos y que el amor providente de Dios se sigue derramando sobre la familia humana. Tampoco se pierde lo que hemos amado, creado o comunicado. Puede perderse en nuestra frágil memoria, pero no en la memoria de Dios. Sin que sepamos muy bien cómo, Dios hace su obra y su cuidado nos acompaña a lo largo de la vida. La fe nos dice que algún día llegará el tiempo de la cosecha, y que esta será buena. Posiblemente, llegados a un cierto momento, a una cierta edad, esta sea una de las experiencias más hondas de la fe: la certeza de la presencia de Dios en nuestra vida, algo evidente a pesar del misterio que envuelve su cercanía.

El tiempo de la siega necesita de nuestro esfuerzo. «Esforzaos en entrar por la puerta estrecha, porque os digo que muchos tratarán de entrar y no podrán» (Lc 13,24). El Señor nos invita a esforzarnos, a no vivir en la tibieza o en la mediocridad, a cuidar cada día la pasión por el Reino para poder albergar en nuestros corazones la presencia de Dios. No es suficiente con que lo deseemos o sintamos de forma esporádica esa necesidad. Nuestros relatos personales están llenos de luces y de sombras, incluso de ambigüedades, y siempre necesitaremos que Dios nos eche una mano. Podemos decidir lo que queramos, pero nuestros proyectos no dependerán tanto de nuestra voluntad de poder cuanto del hecho de dejar actuar a Dios en nuestros corazones. Cada día. En los momentos felices y luminosos, pero también en los oscuros, en los que el miedo o el desánimo nos vencen. En cualquier oportunidad toca abrir el corazón a la misericordia de Dios. Con frecuencia, ante situaciones de crisis y de sufrimiento, he repetido a los presbíteros de mi diócesis: «Cuando estamos mal, no tenemos que rezar menos; al contrario, tenemos que rezar más», y recordar cómo Yahvé acompañó a su pueblo por el desierto, por las muchas tierras yermas de la vida. Él siempre permanece a nuestro lado, y nos cuida, y nos da el crecimiento, muy a pesar de que somos vulnerables.

Si de encontrar a Jesús se trata y de reclinar en él nuestra cabeza escuchando su latido, conviene abrir el corazón y orar. El éxodo más largo, el más intenso y decisivo, será salir de nosotros mismos y dejar que Dios nos encuentre. No importará el desierto, ni el cansancio, ni la sed. Importará solo el encuentro. Si él ora en nosotros, nos encontraremos, permaneceremos y creceremos. Rabindranath Tagore lo expresa de forma muy bella:

> Una y otra vez me pregunto:
> ¿en qué lugar junto al camino me esperas?
> ¿En qué lugar de un rincón solitario
> extiendes tu estera para mí?
> Al oír tu llamada en el aire
> he corrido por la hierba bañada de rocío

y te he buscado en la música ondulante del inquieto río.
Una y otra vez he oído tu flauta
y, como si me buscaras, sonó tu trompeta.
Ahora comienzo a despertar del letargo
y, por fin, corro a encontrarme contigo.

Puede que yo no sepa cómo y que, simplemente, tenga que fiarme. Y que me toque hacer lo mismo que la hemorroísa (Mc 5,21-34): acercarme por detrás y tocar su manto. Puede que el Señor pregunte: «¿Quién me ha tocado?». Será suficiente con que él adivine mi presencia y me diga una sencilla palabra: «No temas, solamente ten fe», y me cuide como a un hijo.

Índice

Títulos de la colección